CATALOGUE

DE TABLEAUX

PRÉCIEUX

DES

ÉCOLES ANCIENNES ET MODERNES,

FORMANT LE CABINET

DE M. LE CH^{er}. DE SOLIRÈNE.

L'EXPOSITION PUBLIQUE

De ces Tableaux aura lieu les ~~2, 3 et 4 Mai~~ 1829, dans la salle Lebrun, rue de Cléry, n°. 21, depuis midi jusqu'à quatre heures de relevée.

La Vente aux enchères et argent comptant en sera faite dans ladite salle, les ~~~~ du même mois,

Par le ministère de M. LACOSTE, Commissaire-Priseur, rue Thérèse, n°. 2,

Sous la direction de M. HENRI, Commissaire-Expert des Musées royaux, rue de Bondy, n°. 23;

Chez lesquels le présent Catalogue se distribue gratis.

1829.

CATALOGUE
DE TABLEAUX

PRÉCIEUX

DES

ÉCOLES ANCIENNES ET MODERNES,

FORMANT LE CABINET

DE M. LE CH⁰ʳ. DE SOLIRÈNE.

L'EXPOSITION PUBLIQUE

De ces Tableaux aura lieu les *2, 3 et 4 Mai* 1829, dans la salle Lebrun, rue de Cléry, n°. 21, depuis midi jusqu'à quatre heures de relevée.

La Vente aux enchères et argent comptant en sera faite dans ladite salle, les ~~5, 6, 7~~ du même mois,

Par le ministère de M. LACOSTE, Commissaire-Priseur, rue Thérèse, n°. 2,

Sous la direction de M. HENRI, Commissaire-Expert des Musées royaux, rue de Bondy, n°. 23;

Chez lesquels le présent Catalogue se distribue gratis.

1829.

IMPRIMERIE DE A. CONIAM,

FAUBOURG MONTMARTRE, N°. 4.

AVERTISSEMENT.

La table que nous avons placée à la suite de cet avertissement ne nous laisserait ici, à la rigueur, qu'une seule chose à dire : c'est que cette table se compose de noms évidemment *vrais*, et auxquels, par conséquent, on peut ajouter foi, si l'on en excepte trois ou quatre seulement que nous avons eu soin de signaler dans notre Catalogue, par l'expression du doute dans lequel nous sommes restés à leur égard. Mais s'il est des personnes qui, n'ayant de goût ni pour les préambules, ni pour les longs discours, se contenteraient volontiers d'une déclaration aussi formelle, il en est d'autres qui aiment à savoir, quand on leur annonce une vente de tableaux remarquables, de quel pays ils viennent, quel cabinet ils composaient, ce qu'on en disait dans le monde. Nous allons donc satisfaire ces personnes curieuses sur les différens points qui les touchent, autant que cela dépend de nous.

Les tableaux dont nous ouvrirons la vente aux enchères le~~s~~ ~~prochain,~~ forment en grande partie le cabinet de M. le Chᵉʳ. de Solirène. Comme cet amateur donna, en 1812, aux curieux qui, comme lui, sont admirateurs des belles productions de la peinture, un témoignage irrécusable de son goût et de ses connaissances, on croira sans peine que les nouveaux objets dont il avait recomposé sa collection ne sont pas moins recommandables par le bon choix qu'il en a su faire, que par les noms plus ou moins célèbres de leurs auteurs.

Nous n'avons aucune raison de le cacher : aux tableaux de M. le Ch^{er}. de Solirène, nous en avons ajouté d'autres qui nous ont été envoyés de l'étranger, et qui, il y a peu de temps encore, occupaient des places honorables dans un des plus riches et des plus fameux cabinets qu'on ait vus dans les pays situés au-delà du Rhin. Mais cette addition, attendu qu'elle se compose entièrement de choses assez rares, ne peut qu'être avantageuse aux amateurs ainsi qu'aux commerçans, en ce qu'elle étend le nombre des morceaux entre lesquels ils auront à choisir. A cet aveu vient se mêler un regret : c'est qu'il ne nous soit pas permis de nommer l'auguste, le digne personnage à qui appartenait cette seconde partie de tableaux ; bien des amateurs, sans le connaître autrement que par sa renommée, auraient à coup sûr mis de l'empressement à se procurer quelqu'objet dont la vue fut par momens le délassement paisible d'un homme qui mit au premier rang des plus grands devoirs celui de faire des heureux. Si nous en avons trop dit, on nous le pardonnera ; il est bien difficile de contenir en soi-même un vif sentiment d'admiration.

Qu'il nous soit permis, avant de quitter la plume, d'applaudir aux personnes qui font de généreux et sages efforts pour conserver parmi nous le noble amour des arts. A leur exemple, n'en doutons pas, d'autres céderont à cette douce passion, celle de toutes qui coïncide le mieux avec les lumières et les besoins de notre siècle.

Nota. Des tableaux qu'on nous a adressés de l'étranger, donneront lieu, si nous les recevons à temps, à un appendice qui fera suite à ce Catalogue.

TABLE DES PEINTRES

DONT LES NOMS FIGURENT DANS CE CATALOGUE.

ÉCOLES D'ITALIE.

ÉCOLES DES PAYS-BAS.

ÉCOLE FRANÇAISE.

FIN DE LA TABLE.

Catalogue

DE

TABLEAUX PRÉCIEUX

DES DIVERSES ÉCOLES.

ÉCOLES D'ITALIE.

ALLORI (Alessandro).

1. La chasteté de Joseph. T. II. 40 p. L. 51.

La pantomime de ces deux figures fait merveilleusement ressortir le caractère de chasteté de Joseph, et le criminel amour qu'a conçu pour lui la femme de Putiphar. ▬▬▬▬▬▬▬ Irritée d'avoir tout mis en œuvre pour toucher le cœur du jeune Israélite, cette femme sans pudeur essaie enfin de l'attirer sur le lit où elle est assise, et le saisit par son manteau. Autant le gonflement de ses muscles, le feu de son visage décèlent et la force qu'elle emploie et la violence effrenée de ses désirs, autant l'attitude de Joseph décèle sa répugnance et son empressement à la fuir.

Dans la galerie du Comte de Fries, d'où sort ce tableau, on le regardait comme étant de la main de

2

Cigoli. C'est une méprise ; il est évidemment de celle d'Alexandre Allori qui, comme on le sait, s'était particulièrement livré à l'étude de l'anatomie, étude dont il a fait ici un emploi très savant.

BARROCHE (Frédéric).

2. Portrait d'homme. B. H. 15 p. L. 11.

Il est représenté en buste, nu tête, avec une fraise et un vêtement noir.

BELLINI (Giovanni).

3. La Vierge et l'Enfant-Jésus. B. H. 32 p. L. 25.

Assis sur l'entablement d'un mur à hauteur d'appui, le dos soutenu par un coussin, Jésus regarde sa mère et semble désirer qu'elle s'occupe de lui, mais les regards et les pensées de Marie s'élèvent en ce moment vers le ciel.

Ce tableau porte le nom de son auteur, et provient du cabinet de M. le Baron Massias. Nous le croyons précieux à cause de son ancienneté; ce qui le distingue surtout, c'est cette naïveté de style, c'est cette simplicité de coloris et d'expression, qui furent le partage des meilleurs peintres Italiens jusqu'au milieu du 15e siècle.

BONINI (Girolamo).

4. La Sainte-Famille. T. H. 20 p. L. 30.

Elle se repose sur le devant d'un paysage, au pied d'un ancien édifice en ruines. Pendant ce tems une vieille femme à genoux implore là divine assistance de Jésus qui est assis sur sa mère. Quatre Anges, sous la forme d'enfans, viennent de cueillir des fleurs dans la campagne et d'en tresser des couronnes, pour les offrir au fils de la bien aimée de Dieu.

On sait que le Bonini, élève de l'Albane et l'un de de ses plus habiles imitateurs, vécut aussi à Venise. De là, sans doute, ce mélange du style de son maître avec le style Vénitien qu'on remarque dans le tableau dont nous venons d'expliquer le sujet.

DOLCI (Carlo).

5. La Vierge Marie. B. H. 15 p. L. 11.

Marie est représentée en buste, le haut de la tête affublé de son manteau. Ses yeux baissés indiquent qu'elle est en prière ou plongée dans une sainte méditation.

Il y a dans ce précieux tableau quelque chose de véritablement enchanteur. Nous y voyons une vierge embellie des grâces de la candeur, un visage où se réfléchit un âme chaste, un cœur tranquille et pur; mais par le moyen d'un certain vague, admirable effet de l'art, cette charmante figure ressemble plutôt à un être aérien qu'à une peinture, et a plus l'air d'un esprit céleste sous une forme visible que d'un corps humain.

DOMINIQUIN (Dominique Zampieri, dit le).

6. Élévation de la Croix de Jésus. Marbre noir, forme ovale. H. 8 p. L. 9 p. 6 lig.

Trois soldats du prétoire unissent leurs efforts pour dresser la croix sur laquelle ils viennent d'attacher la victime sans tache, le divin fils de la vierge. A quelque distance, sur le revers d'un terrain en pente, sont rangés des gardes à cheval, venus là pour protéger cet affreux supplice, que leur a imposé l'aveuglement des Juifs.

Nous conservons à ce petit tableau, mais sans le garantir, le nom du peintre auquel il était attribué, quand il faisait partie du fameux cabinet du Duc de Choiseul-Praslin. Voyez le n° 6 du catalogue de ce cabinet.

GASPRE (Gaspero Dughet, dit le).

7. Paysage. T. H. 41 p. L. 58.

Plusieurs biographes rapportent que cet artiste opérait avec tant de facilité qu'il pouvait achever une grande page en un jour. Celle dont il s'agit ici pourrait bien être une de ces créations prodigieuses. On y voit entr'autres personnages une femme lavant du linge dans un ruisseau, à l'entrée d'une forêt.

8. Autre paysage. T. H. 54 p. L. 67.

L'exécution de ce tableau lui donne de la ressemblance avec ceux de Salvator Rosa ; elle est fermement accusée et dénote beaucoup d'habileté.

GUIDO (Reni).

9. Ascension de Sainte-Madeleine. T. H. 35 p. L. 28.

Affranchie des pénibles liens qui l'enchaînaient à la terre, Madeleine vient de renaître à la vie éternelle, et s'élève sur les ailes des Anges vers le sanctuaire de la divinité. Aux larmes amères qui inondaient ici bas ses joues creusées par les rigueurs d'une longue pénitence, ont succédé l'éclat de la jeunesse et la douce expression d'une félicité pure. Cependant les longs cheveux qui voilent encore son sein, la simple draperie qui voltige autour de son corps à demi-nu, nous font reconnaître celle qui fit dire à Jésus : *Beaucoup de péchés lui sont remis parce qu'elle a beaucoup aimé.* Deux groupes d'Anges sur des nuages, au-dessus de Madeleine, jettent des fleurs dans la voie céleste où se fait son ascension.

LOCATELLI (Giacomo).

10. Deux paysages. T. II. 11 p. L. 14.

Dans l'un on voit s'avancer vers un ruisseau plusieurs villageois conduisant du bétail ; sur le devant de l'autre est un chevrier gardant à l'ombre un petit troupeau ; plus loin est un pâtre chassant des brebis.

On rencontre rarement parmi les ouvrages de Locatelli des paysages aussi terminés que ceux-ci ; Ils ont d'ailleurs quelque chose d'aérien et une certaine fraîcheur qui plait à la vue.

MASTURZO (Marzio), élève de Falcone et de Salvatore Rosa.

11. Loth et ses filles. T. Ovale ; II. 17 p. L. 23.

Loth suivi de ses deux filles, s'éloigne de Sodome

(14)

que consume le feu du ciel. Sa femme, restée derrière lui, est changée en statue, pour avoir tourné
ses regards du côté de la ville embrasée, malgré la
défense qui lui en a été faite par l'ange du Seigneur.

12. Paysage. T. II. 20. p. L. 25.

C'est la représentation d'un site montagneux,
en grande partie baigné par les eaux d'un fleuve.
Au premier plan des matelots napolitains entourent
un brasier qu'ils ont allumé sur un rocher, au bord
de l'eau. On remarque plusieurs barques sur le fleuve,
dont le cours paisible est réserré par des chaînes de
montagnes.

Ce tableau et le précédent sont tout-à-fait dans le
style de Salvatore Rosa.

MOLA (Giovanni-Battista).

13. Joseph racontant un de ses songes à ses frères.
T. II. 24. p. L. 34.

Le fils bien-aimé de Jacob assis au milieu de ses
frères, sur le devant d'un paysage, est censé leur
dire : *J'ai eu un songe où j'ai cru voir le soleil, la
lune et onze étoiles qui m'adoraient.* Ce récit que plusieurs de ses frères écoutent avec attention, d'autres
avec étonnement, semble ranimer la haine et la jalou-
sie qu'ils nourrissent contre lui. Voilà du moins, à nos
yeux, ce que Mola nous paraît avoir exprimé avec
assez de bonheur. Pour rendre sa composition intel-
ligible, il a dû faire apparaître la réunion des différens astres qui sont l'objet du songe de Joseph.

(15)

14. **La chemise ensanglantée de Joseph présentée à Jacob.** T. Mêmes dimensions que le précédent.

Trois des frères de Joseph annoncent sa mort à leur père, et lui présentent, en témoignage de cet événement, sa robe teinte de sang qu'ils feignent d'avoir trouvée. Jacob s'abandonne au désespoir; près de lui sont placés Bala, une de ses femmes de second ordre, et Benjamin le plus jeune de ses fils.

PONTORMO (Jacopo Carucci, dit il).

15. Portrait de femme. B. H. 18. p. L. 22.

Elle est représentée en buste, avec une fraise, un petit bonnet et un vêtement noirs.

PRATO (Francesco Del).

16. La Vierge et son fils avec le petit Saint Jean-Baptiste. B. H. 32. p. L. 27.

Le précurseur à la droite de Marie, contemple Jésus qu'elle tient dans ses bras.

François del Prato, élève de François Salviati, n'est guère connu que par des tableaux de cabinet. Lanzi pense qu'il sont quelquefois attribués à son maître. Celui-ci était attribué à Puligo; mais il est d'un dessin plus mâle, d'un coloris plus vigoureux, et plus solidement peint.

SCHEDONE (Bartolommeo).

17. La sainte famille et Saint Jean-Baptiste, enfant. B. H. 9. p. L. 12.

La Vierge Marie accompagnée de son époux, tient son divin fils entre ses bras, et sourit aux tendres caresses qu'il fait à son petit cousin.

Quoique ce tableau ne soit pas capital, nous ne croyons pas déplacé d'engager les connaisseurs à lui accorder un peu d'attention. Ils savent combien les productions de Schedone sont rares ; celle-ci est à l'abri du moindre doute relativement à son originalité.

ÉCOLES DES PAYS-BAS.

BAKHUYZEN (Louis).

18. Marine. T. H. 25. p. L. 32.

Sur une mer agitée par une violente bourasque, quatre gros navires luttent péniblement avec leurs basses voiles contre la fureur des flots, et tâchent de gagner un port.

Depuis longues années les connaisseurs ont placé Bakhuyzen à la tête des peintres de marines, qui ont entrepris de retracer sur la toile l'effrayante agitation de la mer au moment d'une tempête. Le tableau que nous annonçons est une des bonnes productions de ce grand maître, qualité éminente que relève encore une parfaite conservation.

BAUER (William).

19. Deux vues que nous croyons avoir été prises dans l'intérieur de Rome. Elles sont exécutées à la gouache, et d'une finesse de travail remarquable.

BEGA (Corneille).

20. La famille villageoise. B. H. 13. p. L. 10.

Dans l'intérieur d'un ménage rustique, un jeune garçon assis entre son père et sa mère, leur fait entendre une chanson dont les paroles sont censées écrites sur un papier qu'il a entre les mains. Le père que sa pipe et son flegme hollandais ne quittent point, est assis en face de son épouse ; celle-ci, non moins tranquille, tient dans ses bras un enfant en bas-âge, qui a encore besoin de tous ses soins.

BERCHEM (Nicolas).

· 21. Le cabaret de campagne B. H. 18 p. L. 21.

Il est établi dans les ruines d'un ancien édifice. La cabaretière est sur sa porte ; en dehors une jeune domestique, un flacon à la main, vient de servir deux verres de liqueur, l'un à un vieillard qui s'est assis pour le boire à son aise, l'autre à un laboureur monté sur un cheval attelé à une charrue. Le cabaretier est en conversation avec cet homme, et l'on dirait qu'il lui vante l'excellence de la rasade dont il attend le prix. Une troisième femme dans une espèce de galerie, au-dessus du cabaret, est occupée à étendre du linge. La partie gauche de la composition est couronnée d'un ceintre d'arcade, par dessous lequel on voit venir un paysan conduisant un chariot chargé de fumier. Dans le lointain on aperçoit des fabriques sur le sommet d'un grand rocher.

Le langage n'a pas de mots plus significatifs que le nom de Berchem, quand il s'agit d'exprimer tout ce qu'il y a d'esprit, de goût, de signes de facilité dans les ouvrages dûs au pinceau de cet artiste extraordinaire.

BERKHEYDE (Guerard).

22. Vue prise dans l'intérieur d'une ville de Hollande. B. H. 15 p. 6 lig. L. 20 p. 6 lig.

Une fo.le de curieux rassemblés sur deux ponts, au bord d'un canal, attend le passage d'un grand seigneur qui vient de descendre avec sa suite d'un élégant bateau.

Les ouvrages de Berkheyde, surtout quand ils représentent des intérieurs de ville, sont généralement et justement estimés; ils plaisent par une imitation fidèle des lieux, par des effets de lumière toujours piquans et vrais, par des figures dessinées avec beaucoup de goût et pleines de naturel.

BOL (Ferdinand).

23. La bonne Mère. T. H. 23 p. L. 19.

Une jeune femme ayant une bible sur ses genoux, suspend quelques minutes la lecture dont elle était occupée, pour repaitre ses yeux du bonheur de voir dormir son enfant qui est couché près d'elle, dans un berceau.

Nourri des principes de Rembrandt, Bol les mit en pratique dans tous ses ouvrages, ce qui leur donne une grande ressemblance avec ceux de son maître.

BOUT (Pierre).

24. Paysage. B. H. 18 p. L. 16.

C'est une vue prise dans l'intérieur d'une forêt. Au premier plan, des bestiaux sont arrêtés près de leur conducteur, qui se repose et attend l'ouverture d'une barrière fermant un chemin où il doit passer;

A quelques pas est une paysanne sur un âne et chassant devant elle une autre bête de somme; plus loin un cavalier fait l'aumône à un pauvre mendiant.

On lit sur ce tableau la signature de P. Bout. Sans cet indice on devinerait facilement que les figures sont de la main de ce peintre; mais il n'en est pas de même du paysage qui, selon nous, dénote plus de talent qu'on ne lui en supposait dans cette partie de son art.

BRAUWER (Adrien).

25. Danse de villageois. B. H. 7 p. 6 lig. L. 10 p. 6 lig.

Cette composition où Brauwer a mis douze figures en scène (chose bien rare parmi ses ouvrages) représente des villageois se divertissant sur une pelouse qu'il faut supposer dans le voisinage d'un cabaret. L'un d'eux affourché sur un tronc d'arbre, anime en jouant du flageolet les gambades de quatre danseurs à mines grotesques. En avant de ce groupe joyeux, un rustre est assis sur un banc entre sa canette de bière et sa maîtresse qu'il courtise tour à tour. Tout près de lui sont étendus par terre deux de ses camarades ivres et dormant; deux autres plus loin, ont pris un tonneau pour oreiller.

Le flou du pinceau de Brauwer, la douceur, la transparence de ses teintes donnent beaucoup de charme à ce petit tableau. Les figures semblent douées de la faculté de respirer et de se mouvoir; leurs expressions sont variées et parfaites. Tant de qualités sont bien propres à rappeler le grand cas que faisait Rubens du talent de Brauwer.

BRÉENBERG (Bartholomée).

26. Paysage pastoral. C. H. 8 p. L. 10.

Ce paysage représente une vue prise dans les environs de Rome. On y remarque plusieurs beaux restes d'antiques édifices. Sur le devant on voit une Italienne qui lave du linge dans une auge attenant à l'une de ces ruines; Plus loin un pâtre garde un troupeau de vaches et de chèvres, qui paissent çà et là dans la campagne.

Ce petit tableau est digne d'occuper une place dans tous les cabinets. L'exécution en est pleine de finesse; le site qu'il reproduit intéresse par les souvenirs qu'il fait naître.

CARPENTEYRO (d'Anvers).

27. Paysage. B. H. 17. L. 21.

Sur le devant du point de vue, un pâtre chasse un troupeau de brebis.

CORNELIS VAN HARLEM.

28. Adam et Ève. B. H. 13 p. L. 10.

Trompée par le perfide langage de l'ennemi du genre humain, Ève a cédé à la tentation, et présente à Adam un des fruits mortels auxquels Dieu lui a défendu de toucher.

Ce tableau digne d'attention, à cause de son ancienneté, est marqué des lettres C. H. et daté de 1525.

CRANACH (Lucas).

29. Portrait d'un prince de Nassau. B.

DEELEN (Dirk Van).

30. Intérieur de temple à l'usage des protestans. B. H. 21 p. L. 27.

Le pavé de cet édifice est composé de carreaux de marbre noirs et blancs, ce qui en fait une espèce de mosaïque ; la voûte est soutenue par des colonnes de marbre gris foncé et veiné, à l'une desquelles est adossée la chaire servant à faire la prêche.

Corneille Poelenburg a embelli ce tableau d'une quinzaine de jolies figures, représentant, la plupart, des curieux qui sont entrés dans le temple pour le visiter. Leurs costumes sont variés, leurs *poses* tout-à-fait simples et naturelles.

DEKKER (Corneille).

31. La chaumière : paysage. T. H. 24 p. L. 28.

A droite, des arbres entourent et ombragent une chaumière située sur une petite éminence sablonneuse, au pied de laquelle est une marre. Un vieillard cause avec une femme qui est assise auprès de cette rustique habitation. A gauche, le long de la marre, est un sentier où l'on voit un cavalier et deux valets de chasse conduisant des chiens.

Ce tableau est un de ceux qui feront toujours regarder Dekker comme un bon paysagiste. On ne peut mieux dessiner les arbres, et donner à leurs formes irrégulières, à leurs branches tortueuses, à leurs troncs noueux et décrépits une plus heureuse diversité.

* DENNER (Baltazar).

32. Portrait de vieille femme. C. H. 14. p. L. 12.

Elle est peinte en buste, un manteau bleu sur les épaules et la tête presque couverte d'une étoffe gris de lin, qui laisse apercevoir une partie de ses cheveux. Son air respire la simplicité; sa vieillesse, ses traits ridés n'ont rien de désagréable.

Il n'y a, selon nous, qu'un moyen de donner une idée juste de cette tête, à qui ne connaît pas les chefs-d'œuvres de Denner : c'est de la comparer à la nature. En effet, on la dirait composée d'une chaire molle et vivante, on croirait pouvoir en tirer du sang. Si vous l'examinez avec la loupe, vous y découvrez tous les phénomènes imperceptibles de la peau, sa transparence, son épiderme, ses pores et jusqu'à son duvet. Que de patience, que de précision de main, quelle pureté de teintes il a fallu pour arriver à ce merveilleux fini !

DUBOIS.

33. Intérieur de forêt. B. H. 14. p. L. 18.

Le milieu est arrosé par un ruisseau ; à droite, à l'ombre d'un bouquet d'arbres, un pâtre couché par terre est plongé dans le sommeil; deux vaches et deux chèvres paissent à quelques pas de lui.

Les ouvrages de Dubois rappellent ceux des Devries, des Rombouts et des Dekker.

DUCHATEL (François).

34. Les apprêts d'une cérémonie. T. II. 29. p. 6. Lig. L. 24.

Sur le parvis d'un Hôtel de ville, des échevins accompagnés de gardes-d'honneur, se disposent à une des cérémonies auxquelles ils sont appelés par leurs fonctions.

Toutes ces figures doivent être des portraits exécutés d'après nature.

DYCK (Antoine Van).

35. Tête d'ange. B. II. 16. p. L. 18.

Il est probable que cette tête est l'étude terminée d'après laquelle Van Dyck a peint un des anges qui sont dans son tableau de Saint-Augustin : quoiqu'il en soit, elle est remarquable par la beauté du coloris et le large de l'exécution.

ELSHEYMER (Adam).

36. La nymphe endormie. C. H. 6. p. L. 8.

On trouve la description de ce petit tableau au n° 209 du catalogue du fameux Cabinet Destouches ; voici ce qu'elle dit : « Un paysage précieusement » terminé et embelli des plus riches détails; la par- » tie gauche du premier plan est ornée de deux fi-

» gures, dont une nymphe endormie; on voit à droite
» dans l'éloignement, différens personnages autour
» d'un feu.»

37. L'ange Raphaël et Tobie C. H. 4. p. L. 6.

Tobie et son conducteur traversent un ruisseau
dont les eaux vont se mêler à celles d'un fleuve, au-
delà duquel on voit des pâtres abreuvant leurs troupeaux. Une futaie borde le fleuve et forme un rideau
devant l'horizon.

Ce paysage n'a pas moins de mérite que le précédent.

EVERDINGEN (Albert Van).

38. Vue d'un site de Norwege. T. H. 20. p. L. 28.

Un torrent dont les eaux bouillonnent et écument
autour des rocs dont son lit est hérissé, se précipite
avec une rapidité impétueuse derrière d'autres rochers et disparaît à la vue. Au-delà, sur la rive
droite, s'étend une contrée montagneuse, dont le sol
inculte est ombragé dans plusieurs endroits par des
bois de sapins. Deux ou trois baraques seulement
attestent la misère de ce pays. Au premier plan quelques chèvres errent sur les rochers, à peu de distance de deux hommes qui sont sans doute là pour les
garder.

Ce paysage est un des plus savamment peints qu'on
puisse espérer de rencontrer parmi les ouvrages d'E-
verdingue; et l'effet en est d'autant plus heureux et
d'autant plus vrai qu'il est dû au contraste naturel

des teintes sombres des rochers et du terrain, mises
en opposition avec la masse de clarté que produit la
blancheur des eaux.

GOYEN (Jean Van).

39. Paysage. B. H. 11. p. L. 15.

Un fleuve couvre de ses eaux limpides et calmes
la droite du point de vue. A gauche, sur une de ses rives, est un hameau, et en de ça, un bac chargé de
passagers.

HAKKERT (Jean).

40. Paysage.   T. H. 24 p. L. 20 p. 6 lig.

Ce tableau qui représente d'un côté une chaussée
plantée d'arbres, et de l'autre une partie d'étang, où
se mirent les objets qui l'avoisinent, est un de ces
précieux morceaux de cabinet, dont la rareté est telle
que du temps même de Descamps, ils étaient encore
ignorés en France.

Hakkert, on ne peut le nier, est du petit nombre des
peintres privilégiés de la nature qui ont eu un talent
tout-à-fait original; c'est aussi un de ceux qui ont su
introduire la lumière du soleil dans quelque partie
de leurs tableaux, et y produire de ces effets extraor-
dinaires qui étonnent les yeux. C'est par un effet de
ce genre que brille éminemment ce paysage; mais
ce qui lui donne encore un grand relief, ce sont les
charmantes et nombreuses figures dont Adrien Vande
Velde l'a enrichi. La plus avancée de toutes est un
piqueur conduisant deux chiens en laisse; après vient

une dame montée sur un beau cheval blanc et accompagnée d'un cavalier; plus loin un autre piqueur
suivi de plusieurs chiens en liberté , marche à côté
d'un fauconnier; ces chasseurs sont suivis d'un
carrosse à six chevaux. Le site que représente ce
paysage est probablement une vue prise dans le bois
de la Haie.

HEEMSKERK (Egbert).

41. L'estaminet. B. H. 9 p. L. 7.

On y voit trois fumeurs groupés près de la cheminée, l'un assis et le nez au feu, un autre debout
et causant avec le troisième, qui vient de quitter sa
pipe pour s'humecter la gorge d'un grand verre de
bière.

42. Intérieur de cabaret. B. H. 6 p. L. 5.

Un habitué de cette maison, assis à une petite
table, tient un vase d'étain rempli de bière, et s'ex-
cite à boire en mangeant du cervelas. Un autre
homme se régale de fumée de tabac.

43. Deux hommes mangeant des moules. Ce tableau
est le pendant du précédent.

On ne saurait trop regretter qu'un pinceau qui a
réuni les qualités de ceux de Teniers et de Brauwer,
ne se soit pas consacré à des figures moins grotesques,
à des sujets moins bas. Tels qu'ils sont, toute fois,
les ouvrages d'Heemskerk seront toujours goûtés des
connaisseurs à cause de la beauté de leur exécution.

HEMMELINCK (Jean).

44 et 45. Sainte-Véronique et Madeleine la pécheresse.   B. H. 10 p. 6 lig. L. 5 p. 6 lig.

La pécheresse est représentée debout avec un vase à parfums dans les mains. Véronique tient un mouchoir de gaze sur lequel sont empreints les traits augustes de Jésus.

Ces deux tableaux sont d'un grand fini et de la plus parfaite conservation.

HEUSCH (Guillaume de).

46. Paysage vu au coucher du soleil.   B. H. 14 p. L. 18.

Dans un chemin, en avant d'un lac, un villageois, précédé de son chien, marche à côté d'un âne et conduit trois chèvres qu'il ramène des champs. Un peu plus loin vient un berger chassant quelques moutons. Deux grands hêtres, plantés sur le bord du chemin, dominent toutes les parties du point de vue. A gauche est une butte couronnée d'arbres ; à droite des rochers escarpés bordent le lac. Des montagnes lointaines s'élèvent devant l'horizon.

Ce paysage est un de ceux où de Heusch a imité de près le style de son maître ; mais ce qui le rend plus remarquable encore, c'est que les jolies figures dont il est orné sont de la main de N. Berchem.

HEYDEN (Jacques Vander).

47. Vue prise dans Amsterdam. B. H. 16 p. L. 20.

Une place spacieuse s'étend au milieu du point de vue. Le spectateur y remarque, à sa gauche, une des ailes du magnifique Hôtel de Ville d'Amsterdam, et, à sa droite, un des angles de la maison dite le poids public. A son extrémité, la place est fermée par une église occupant le milieu d'une rangée de maisons masquées en partie par des arbres, qui produisent dans cette perspective une agréable variété.

Enfin, pour animer ce précieux tableau, ou peu s'en faut que l'art ne soit parvenu à tromper les yeux, le pinceau de Vander Neer y a répandu çà et là de jolies figurines, parmi lesquelles se distingue particulièrement, près de l'étal d'une marchande de fruits secs, une autre femme accompagnée de ses trois enfans dont elle porte le plus jeune à son cou.

Si notre mémoire est fidèle, ce tableau doit avoir fait partie du riche cabinet de Tolozan. Quoi qu'il en soit, c'est un des meilleurs ouvrages de Vander Heyden. On y admire surtout, avec le fini le plus extraordinaire, une entente de la lumière, un ton de vérité qu'il est permis de regarder comme une des limites du coloris.

HOOCH (Pierre de).

48. Scène familière. T. H. 21. p. L. 18.

Dans une salle, au rez-de-chaussée, une jeune

dame assise et occupée à coudre, suspend son travail pour causer avec un homme qui est assis vis à vis d'elle. Celui-ci, le verre à la bouche, mêle sans façon au plaisir de l'entretien celui de vider une canette. Un grand vitrage masqué dans le bas par un rideau, abrité en dehors pas un auvent, ne laisse tomber sur ces personnages et ce qui les environne qu'un faible jour, tandis qu'une porte ouverte, donnant sur un quai, met à découvert une partie du ciel et une vaste étendue d'eau, où se réfléchit la brillante clarté du soleil. Un panier à ouvrage est à côté de la dame; derrière elle, un miroir et un tableau sont attachés à la muraille. Un gros navire, dont on ne voit que la poupe, est amarré contre le quai.

Peu de peintres sont à comparer à de Hooch, pour l'intelligence et l'imitation des effets de la lumière; et aucun peut-être n'a-t-il su, avec autant de succès que lui, faire valoir la demi-teinte d'un intérieur mystérieusement éclairé, et mis en opposition avec quelque objet extérieur réfléchissant les rayons du soleil.

JARDIN (Karel du).

49. La jeune servante dans l'embarras, ou les apprêts pour le marché. T. H. 21 p. 6 lig. L. 16 p. 4 lig.

Une jeune servante de ferme, la tête couverte d'un grand chapeau de paille, est debout et pensive auprès d'un âne, sur lequel elle a divers objets à charger. Elle attend sans doute que quelqu'un vienne l'aider. À terre, tout près de sa bête de somme, sont

(31)

posés une dinde qui a les pieds liés, une cruche à
lait d'un cuivre très-poli, et des hottes dont le con-
ténu est caché par un morceau de tapisserie. Deux
chèvres sont réunies à tous ces objets. Le fond du tableau représente une rase campagne qu'éclaire un
ciel à moitié obscurci par d'épais nuages.

Si jamais les teintes suaves et vraies, la douce harmonie, l'exécution moelleuse et ferme de Du Jardin
se sont offertes avec tout ce qu'elles ont d'enchanteur,
c'est assurément dans le tableau que nous venons de
décrire. Le ciel surtout offre une finesse, une variété
de nuances, un éclat qu'on ne peut trop admirer.

KABEL (Jean-Vander).

50. Paysage. C. Forme ovale. Diamètre, 7 p. 6 lignes.

Vers le second plan, tout à côté d'une chute d'eau,
est une pelouse couverte de grands arbres, à l'ombre
desquels un voyageur se repose et prend le frais,
Au-delà, est une rivière, et plus loin, une ville située entre de hautes montagnes, dans un délicieux
vallon. A droite, est un chemin où l'on remarque
deux groupes de villageois voyageant avec des bêtes
de somme.

Dans cet ouvrage, Vander Kabel a imité, de la
manière la plus heureuse, le style qui distingue les
paysages de Sébastien Bourdon ; dans les figures, il
s'est rapproché d'Asselyn et l'a même surpassé par la
finesse et la pureté de sa touche.

KAMPHUYSEN (R.).

51. Paysage. T. H. 24 p. L. 29.

Une rivière baigne la moitié du point de vue ; sur ses eaux flotte une petite nacelle, portant deux chasseurs, dont l'un tire sur des canards. A droite, un chemin passe devant plusieurs maisons couvertes de chaume, et suit tous les détours de la rivière ; du côté opposé, un autre sentier conduit à une forêt.

Les ouvrages de Kamphuysen se rencontrent rarement et sont peu connus. Celui-ci mérite donc, par cela même, l'attention des amateurs ; il la mérite encore par l'éclat et la vérité de son coloris.

KESSEL (Jean-Van).

52. Paysage.   T. H. 24 p. L. 29.

A droite, un arbre tronqué et décrépit a ses racines dans un terrain sablonneux et éboulé ; à gauche, au-delà d'un petit canal traversé par un pont, est une maison rustique enclose de palissades ; un paysan se dirige vers cette habitation.

Ce tableau se recommande par cette naïveté, ce ton de vérité, qui font le principal mérite de la plupart des ouvrages dus aux peintres hollandais.

LAAR (Pierre de), dit Bamboche.

53. Le cabaret souterrain.   T. H. 24 p. L. 30.

Il est taillé dans le roc, ainsi qu'un chemin qui

passe à côté. Un cavalier, qui s'y est rafraîchi, est près de son cheval, et se dispose, à ce qu'il paraît, à le rebrider. Un jeune garçon attend qu'il soit prêt à se mettre en selle pour lui donner son épée. Dans un des coins du tableau, à droite, sont entassés, près d'un tonneau, deux selles, une valise, des gibecières de cuir, un panier et un chapeau.

Un pinceau gras et large, une couleur vigoureuse et vraie, cette magie d'effet qui résulte de l'entente du clair obscur, telles sont les qualités dominantes de cet excellent ouvrage, où chaque détail est encore d'une exactitude d'imitation dont on est frappé.

LAIRESSE (Gérard de).

54. **La Sainte-Famille,** accompagnée de sainte Élisabeth et de son fils. T. II. 18 p. L. 21.

Assis sur un débris de colonne et soutenu par sa mère, le jeune Messie presse une colombe dans ses bras, et rit des efforts qu'elle fait pour s'échapper; mais que ce rire est mêlé d'innocence, et qu'il paraît avoir de charme pour sainte Élisabeth, ainsi que pour le précurseur! A la droite de la Vierge et en arrière de Jésus, est placé saint Joseph, dont les traits se font remarquer par leur gravité ordinaire.

Quelque répétée que soit cette composition, Lairesse a trouvé le secret de la rendre intéressante, tant par l'air de vie dont il l'a empreinte que par le goût qui s'y manifeste dans toutes les parties. Tant de mérite devrait bien relever l'ancienne réputation de ce tableau , qu'on sait avoir été adjugé à près de 6,000 fr., à la vente du cabinet Poulain.

Le DUCQ. (Attribué à Jean),

55. Les prisonniers.   B. II. 15. p. L. 20.

Pillés et faits prisonniers par des soldats ennemis , une dame et son époux viennent être amenés dans un corps-de-garde. L'époux dépouillé d'une partie de ses habits se tient en posture de suppliant; la femme, à genoux et joignant les larmes à la prière, tâche de fléchir le commandant du poste et d'exciter sa commisération ; mais, immobile comme la pierre, dur comme le fer de sa cuirasse, l'officier les regarde et les écoute sans donner le moindre signe d'émotion. Cependant un vieux soldat semble touché des pleurs de la dame, et l'on dirait qu'il hasarde un mot en sa faveur. Tandis que tout ceci se passe sur le devant de la scène, des soldats qu'on voit dans le fond, visitent un coffre enlevé aux prisonniers; d'autres causent ensemble sans porter la moindre attention à ce qui occupe leurs camarades.

Nous conservons à ce beau tableau le nom du maître auquel il est attribué depuis long-temps. Il se distingue pourtant de ceux de Le Ducq par plus d'action dans les figures , plus de fermeté dans l'exécution, plus de brillant dans le coloris; tel est du moins notre sentiment que nous soumettons bien volontiers aux connaisseurs.

MIERIS le vieux (François),

56. Scène domestique.   B. H. 9 p. L. 7.

Ce sujet est-il tiré de l'ancien Testament, et représenterait-il Isaac après son aveuglement? C'est ce que rien ne démontre avec clarté, attendu que s'il y a quelque chose de patriarchal dans la figure de ce personnage, rien dans toute la composition ne se rapporte aux usages des peuples pasteurs de l'antique Israël. Nous allons donc nous borner à faire l'exposé de ce que ce tableau présente aux yeux.

Un vieillard aveugle, et comme affaissé sous le poids des années, est assis dans un grand fauteuil, son bâton entre ses jambes. Il prête l'oreille à ce que lui dit une femme assez richement vêtue et portant un vase sous son bras; la main sur le cœur, cette femme semble prendre sa conscience à témoin de la vérité de ses paroles. Le lieu de cette scène est une salle où l'on remarque une alcove cachée par un rideau; un petit chien est couché aux pieds de son maître. Par une porte ouverte et donnant sur la campagne, on voit arriver une jeune femme portant une corbeille sur sa tête. Sans l'aveuglement du vieillard, on pourrait croire que c'est Abraham écoutant les plaintes de Sara au sujet d'Agar.

On lit sur ce tableau, F. Van Mieris fec. A. 1670; mais cette signature, toute authentique qu'elle est, atteste moins en faveur de l'ouvrage que l'inexprimable beauté d'exécution qui en relève aux yeux les plus petits détails.

MILET (Jean-Francisque).

57. Paysage historique.   T. H. 13 p. L. 17.

L'intention de l'auteur a été de représenter saint Jean dans l'île de Pathmos, où cet apôtre avait été banni par Dioclétien. L'évangéliste, assis sur le devant du paysage, profite du silence qui règne autour de lui pour écrire son Apocalypse; à son côté est un aigle, son symbole ordinaire. Une montagne escarpée occupe la gauche du tableau; à la droite, dans le lointain, on aperçoit la mer.

MOLENAER (Dirk).

58. Paysage B.

Sur le devant, près d'un éboulement de terrain sablonneux, est un groupe de villageois; plus loin, on voit un homme à cheval.

MOUCHERON (Frédéric de), et VANDEN VELDE (Adrien).

59. Paysage. T. H. 24. p. L. 30.

Sur le revers du premier plan, formé d'une petite éminence d'où l'œil plonge sur un vallon baigné par une large rivière, s'avance un paysan à cheval, chassant deux vaches et suivi de plusieurs moutons. A droite, au-delà de la rivière que deux autres villageois passent à gué avec un petit troupeau, est une tour ruinée et dominée par une haute montagne à pic, dont le sommet est fortifié. A gauche, la vue trouve à se

(37)

promener sur une vaste étendue de pays terminée
par une longue chaîne de montagnes.

On ne remarque dans ce paysage aucun des dé-
fauts qui déparent le grand nombre de ceux que Mou-
cheron a peints trop *presto*, et dans lesquels il a tant
abusé de sa facilité : point de négligence, rien d'in-
décis dans la forme, ni dans la teinte des objets, rien
qui laisse à désirer. Les figures de Vanden Veldo
d'une beauté vraiment enchanteresse, concourrent
puissamment à faire de ce tableau un morceau de
choix.

NEER (A. Vander).

60. Vue prise dans une ville de Hollande. T. H.
16, p. L. 23.

Un canal glacé où se réfléchit la lumière de la lune,
et que parcourent en différens sens des personnages
en patins, où montés sur des traineaux, forme l'a-
vant scène du point de vue. Aux deux côtés sont des
rangées de maisons que cachent en partie des allées
d'arbres ; à l'extrémité du canal, une grande église
s'élève devant l'horizon, et oppose une large masse
d'ombre aux brillans reflets des nuages dont le disque
de la lune est entouré. De la neige rend de tous côtés
la lumière qu'elle reçoit du Ciel, et change les ténèbres de la nuit en un crépuscule, dont le vague enve-
loppe d'une sorte de mystère tout ce qui s'offre à la
vue. Des objets sans nombre, dont nous supprimons
le détail, ajoutent à l'effet et à la richesse pittoresque
de cet ouvrage.

NESTCHER (Gaspar).

61. Portrait d'homme. T. H. 14. p. L. 10.

Ce portrait est celui d'un magistrat hollandais, grave personnage, d'un âge plus que mûr et d'un riche embompoint. On le voit de face et presque jusqu'aux genoux ; ses cheveux un peu longs descendent en ondulant sur ses épaules ; un grand rabat de batiste couvre en partie sa poitrine ; son habit noir est accompagné d'un manteau de velours de la même couleur. Un livre est à côté de lui, sur une table couverte d'un tapis rouge.

Un portrait, quand on ignore le nom du personnage qu'il représente, ne se recommande que par l'exécution et la vérité. Ces deux points ne laissent ici rien à désirer : au *faire* le plus délicat et le plus parfait, s'unit tout ce que la palette offre de ressources pour atteindre à l'exacte imitation de la nature.

OCHTERVELT.

62. Intérieur de ménage. T. H. 16. p. L. 12.

Une mère de famille, dans l'intérieur de son ménage, est occupée à peigner un de ses enfans ; un autre est auprès du feu. Une porte ouverte laisse entrevoir une seconde salle.

Pourquoi ce tableau a-t-il été gravé sous le nom de Murillo ? c'est presqu'une énigme pour nous, attendu qu'il n'a pas la moindre ressemblance avec les ouvrages de ce maître. C'est évidemment une pro-

duction de l'école hollandaise : on y retrouve toute
la bonhommie des maîtres de cette grande école,
toute l'énergie de leur coloris. Des connaisseurs ont
pensé qu'on pouvait l'attribuer à Ochtervelt.

OMMEGANCK.

63. Paysage pastoral.   T. H. 41 p. L. 54.

Deux béliers, en se battant, ont tout à la fois renversé une cruche dont le lait coule par terre, et cul-
buté un enfant. Témoin de cet accident, un jeune
garçon l'annonce par ses cris à deux femmes qui sont
occupées à traire des vaches sur un tertre voisin. Le
soleil s'abaisse vers l'horizon, et dore la terre de ses
derniers rayons ; un amas d'épaisses nuées annoncent
un prochain orage.

Ce tableau, que l'auteur a exécuté lorsqu'il était au
faîte de son talent, n'est pas seulement un de ses mieux
peints, mais encore un de ses plus capitaux. Deux figures d'enfans, deux chèvres, deux vaches et trois moutons ornent le premier plan ; sur le second, où tout se
détache en demi-teinte sur un ciel éclatant, on voit
trois villageoises dont une transvase du lait, et un troupeau de huit ou neuf vaches. M. Berré a ajouté d'une
manière très-heureuse à cette composition déjà si riche, les trois moutons qui sont groupés au pied du
chêne qu'on voit à la gauche du tableau. De ce côté
on aperçoit encore dans l'éloignement un berger assis au pied d'un arbre et gardant des brebis.

Ommeganck s'est élevé au rang des plus grands

maîtres des écoles Flamande et Hollandaise. Indé-
pendamment des chefs-d'œuvres dont il a enrichi tant
de cabinets, on lui doit d'avoir régénéré la peinture
de genre dans son pays, en enseignant par ses succès
que l'essence de cet art réside avant tout dans la fidé-
lité de l'imitation, et son principe fondamental dans
l'étude de la nature.

64. Le petit berger. B. H. 13. p. L. 19.

Un jeune garçon portant un tablier, garde des
moutons sur le devant d'un pâturage.

Ce tableau est de la première manière de l'auteur.

OSTADE (Adrien Van).

65. Le vieux buveur. B. II. 14. p. 6. lig. L. 17.

Une porte ouverte et le vitrage d'une fenêtre occupent le fond du tableau. Là une marchande de tabac,
la balance à la main, est occupée à servir deux de
ses chalans qui sont assis vis-à-vis l'un de l'autre, près
de son comptoir. Un mendiant, joueur de vielle, est
devant la porte avec plusieurs enfans qui se sont arrêtés pour l'écouter. Tous ces personnages ne sont
ici que des figures de fond, ou si l'on veut des figures
secondaires. La principale est représentée assise à
l'avant-scène; c'est une espèce de masse presqu'inerte,
un gros homme affaissé sous la matière, plongé dans
l'ivresse et conservant à peine la portion de force et
d'instinct nécessaire pour boire et pour fumer. Il a
un verre de liqueur à la main; devant lui, sur un

banc, sont posés un petit vase d'étain; du tabac, une pipe et un réchaud.

66. Un fumeur.   B. H. 5 p. 6 lig. L. 4 p. 6 lig.

Il est accoudé sur un des coins d'une table où sont posés son tabac et sa canette, entre lesquels il partage ses indolens loisirs. Ses yeux, tournés vers le spectateur, sont à demi-fermés et troublés par les vapeurs de l'ivresse.

Dans toutes ses scènes de cabaret, Ostade a remarquablement bien rendu ce genre d'expression.

OSTADE (Isaac Van).

67. Le cabaret de village. B. H. 20 p. L. 30.

Ce paysage où brillent de tout leur éclat les tons dorés qui distinguent le coloris d'Isaac Van Ostade, était autrefois un des ornemens de la galerie de Lebrun, et est sorti en dernier lieu du cabinet de M. Vigneron. MM. Pérignon et Paillet nous en ont donné la description suivante, dans le catalogue des curiosités de ce cabinet. « Vue d'une route de Flan-» dres. A la partie du milieu, on remarque particu-» lièrement des cavaliers faisant rafraîchir leurs che-» vaux à la porte d'une hôtellerie, où sont assis quel-» ques paysans. La droite de la composition est oc-» cupée par un porte-balle qui se repose au pied » d'un grand arbre, et par un paysan conduisant sa » charrette attelée d'un cheval blanc. Du côté op-» posé et dans la demi-teinte, on voit une femme

» près d'un jeune garçon assis sur l'herbe. La prin-
» cipale lumière qui frappe la partie droite, fait va-
» loir l'harmonie des demi-teintes du second plan, et
» la vapeur aérienne du ciel. »

68. Scène domestique. B. H. 13 p. L. 17.

Neuf villageois, hommes, femmes et enfans, rassemblés devant la porte d'une maison champêtre à
moitié tapissée d'une vigne, regardent un porc gras
qu'on vient d'égorger et d'ouvrir, et que l'un d'eux
s'apprête à dépecer pour le mettre au saloir.

Ce sujet simple, dont la vie domestique a si souvent
fourni des modèles aux peintres hollandais, est
représenté sur un côté de chemin, à la gauche du
tableau; sur le côté opposé est un groupe de trois
autres personnages, dont deux sont censés en conversation. A l'extrémité du chemin on aperçoit la
campagne.

69. Le guitariste. B. H. 8 p. 6 lig. L. 7 p.

Il est représenté à mi-corps, coiffé d'une grande
toque rouge, et tenant une guitare dont il s'écoute
jouer.

Isaac Ostade n'est point au-dessous de son frère
Adrien dans l'exécution de ce joli tableau.

ORIZONTE (François Van Bloemen, dit).

70. Deux paysages. T. H. 28 p. L. 38.

Dans l'un on remarque des laveuses au bord d'une
rivière, dans l'autre des pêcheurs.

71. Deux paysages.   T. H. 36 p. L. 5o.

Des sites grands et simples, une exécution savante, des figures d'un bon style, font de ces deux peintures des morceaux de goût, très-propres à la décoration d'un salon.

POELENBURG (Conseille).

72. La fuite en Égypte.   B. H. 7 p. L. 9.

La Vierge est montée sur un âne et porte l'Enfant-Jésus sur ses genoux. A quelques pas en arrière est Saint-Joseph ; troublé par la crainte d'être poursuivi, il tourne la tête et regarde derrière lui.

Il n'y aura qu'un sentiment sur l'excellence de ce petit tableau. La figure de la Vierge, une des plus heureuses qui soient sorties du pinceau délicat et séduisant de Poelenburg, est très-visiblement empreinte de ses traits caractéristiques, la grâce et la modestie. Les ruines dont ce paysage est orné, sont rendues avec une finesse et une perfection qui sont très-rares, même dans les ouvrages des paysagistes d'un ordre supérieur.

73. Repos de la sainte famille.   C. H. 8 p. 6 lig. L. 11 p.

Marie assise sur un quartier de rocher tient sur elle l'Enfant-Jésus, et présente un fruit au petit saint Jean-Baptiste. En face de Marie est assis Saint-Joseph, ayant un livre ouvert sur ses genoux. L'humble monture de la Vierge attend patiemment qu'on ait besoin de son secours ; le fond du tableau représente un paysage enrichi de quelques ruines.

PYNAKER (Adam).

74. Paysage vu au soleil couchant.   T. H. 26 p. L. 29.

Des arbres et des buissons, dont plusieurs reflètent la clarté dorée des derniers rayons du soleil, sont disséminés sur les devans du point de vue. Leurs feuillages d'un vert sombre ombragent plusieurs monticules entre lesquels serpente un chemin, où l'auteur a placé diverses figures, au nombre desquelles est un berger regardant défiler son troupeau. Un autre chemin est tracé sur le penchant d'une haute montagne dont la base oppose une digue aux eaux de la mer.

On peut dire de ce paysage que c'est un de ceux où le style de Pynaker se montre avec tout ce qui constitue sa piquante originalité.

REMBRANDT (d'après).

75. Très-bonne copie faite d'après un tableau qu'on voit dans la galerie royale du Louvre.

ROGER, de Bruges, (élève de Van Eyck).

76. La Madeleine et Sainte-Catherine d'Alexandrie. B. H. 28 p. L. 20.

Ces deux personnages sont représentés debout, sous une galerie d'où l'on voit la campagne. Un vase à parfums caractérise la célèbre pécheresse ; Sainte-

Catherine a pour symboles une couronne sur la tête et une épée à la main.

ROMEYN (Guillaume Van).

77. Paysage pastoral. T. H. 17 p. L. 16.

Deux vaches, un bœuf, une chèvre et deux brebis sont groupés sur le premier plan. Au second, près d'une longue et grande baraque, est une femme qui trait une chèvre, au milieu de plusieurs autres animaux domestiques, parmi lesquels se trouve une ânesse avec son ânon. A droite, le fond du tableau offre l'aride perspective d'un climat montagneux qu'éclaire la lumière argentée du matin.

Le pinceau large, facile et suave de Van Romeyn n'a pas produit d'ouvrage, selon nous, où se montre mieux que dans celui-ci, l'originalité du beau talent auquel il doit sa réputation.

ROOS (Henri).

78. Chasseur se reposant. T. H. 22 p. L. 27.

Ce chasseur sous les traits duquel Roos s'est représenté lui-même, est assis sur un rocher, près d'un courant d'eau. Son fusil et une pièce de gibier sont à côté de lui. A sa droite est un beau cheval tacheté dont il tient la bride ; à ses pieds est un levrier : deux autres chiens sont un peu plus loin. En arrière du chasseur, est une femme assise au pied d'un arbre et tenant un enfant endormi dans ses bras ; elle garde un troupeau de vaches, de chèvres et de brebis, qui ne sont pas les moindres ornemens de la composition, quoiqu'ils n'y soient que comme objets d'un intérêt secondaire. On sait avec quelle supériorité Roos a peint ces animaux. Quant au paysage il est d'un bout à l'autre du travaille plus soigné. Nous avons souvent entendu dire que ce tableau est le chef-d'œuvre de l'auteur, et bien sincèrement nous partageons ce sentiment.

RUYSDAEL (Jacques).

· 79. Vue de Hollande. · T. H. 15 p. L. 15 p. 6 lig.

Elle représente un pays plat, d'une étendue si immense, que les derniers plans qui bordent l'horizon n'offrent plus aux yeux que des lignes d'azur. Cette campagne, toute en prairies entrecoupées de bois et de longs fossés remplis d'eau, est celle qui environne Harlem ; au milieu apparaît la grande église de cette ville. Ses grandes proportions s'élèvent tellement au-dessus des autres édifices qui sont groupés autour d'elle, qu'elle les domine avec une sorte de majesté. Au premier plan se trouvent des dunes sablonneuses qui concourent heureusement, avec plusieurs accidens de lumière, à rompre l'uniformité du site et de sa couleur. De gros nuages roulent dans l'atmosphère et indiquent un temps pluvieux.

Ce petit tableau est un de ceux où Ruysdaël a montré que son pinceau si libre, si vif dans son allure ordinaire, pouvait aussi s'asservir et surprendre par un admirable fini.

· 80. Autre vue de Hollande prise dans la campagne de Harlem. T. H. 12 p. 6 lig. L. 15.

Pour premier plan se présentent de grandes dunes, en partie couvertes de mousses et de joncs et entrecoupées de chemins. Au bas est une blanchisserie, au milieu de prés couverts de toiles et vivement éclairés par un accident de soleil. Au-delà est un bois épais, puis une vaste plaine qui s'étend jusqu'à perte de vue, et forme une perspective où l'œil découvre çà et là plusieurs villes et hameaux. A main droite, dans le lointain, on distingue la ville de Harlem. Quelques figurines sont dans ce tableau comme une échelle propre à déterminer la grandeur et l'étendue des autres objets.

Ce paysage est encore un de ceux où l'auteur a montré de combien de délicatesse son pinceau était capable, quand il voulait se faire remarquer par un travail parfait.

SANDRART (Jaochim).

81. Portrait de jeune fille.   T. H. 28 p. L. 24.

Elle est représentée à mi-corps et tenant une couronne de laurier.

C'est surtout par la finesse des carnations que se distingue ce joli portrait.

SART (Corneille du).

82. Le bon père.   B. H. 12 p. 6 lig. L. 10.

Un villageois, bon père de famille, est assis à la porte de sa maison, et tient sur ses genoux un petit enfant auquel il fait manger de la soupe au lait. Une jeune fille, la cuiller à la main, prend sa part de cet aliment. La jatte qui le contient est sur uu tabouret, à côté d'un pain et d'un plat de poisson.

Le pinceau de Du Sart ne le cède guère ici à celui d'Ostade.

SCHUZ.

83. Vue du Rhin.   B. H. 15 p. L. 19.

Une petite éminence que couronne une baraque entourée d'arbres et située sur le bord d'un chemin, forme, à main gauche, le commencement du point de vue. De cette éminence l'œil se porte tout-à-coup sur le Rhin ; ses eaux tortueuses, sillonnées en tous sens par des barques et traversées par un grand pont, réfléchissent tantôt la couleur azurée du ciel, tantôt l'éclat des nuages dont il est parsemé. A droite, des côteaux boisés suivent les détours du fleuve qu'ils dominent, et sont dominés eux-mêmes par une longue chaîne de montagnes dont plusieurs élèvent leurs têtes chenues jusque dans la région des airs. Aux richesses naturelles de cette grande et amusante perspective se mêlent des villes, des villages, des châteaux fortifiés, vieux témoins de la tyrannie féodale. Une quantité de figurines achèvent enfin d'animer ce riant tableau, que nous regardons comme un des plus parfaits de l'auteur.

STORCK (Abraham).

84. Vue d'une rade, couverte de navires.   T. H. 17 p. L. 24.

On reconnaît au pavillon des différens navires qui voguent sur cette rade que c'est celle d'un port Hollandais. Au milieu est un vaisseau de la Compagnie des Indes qui se dispose à appareiller : c'est le moment des adieux. Voulant le saisir, de nombreux parens ou amis de l'équipage en partance sont montés sur leurs yachts pour aller le visiter, ce qui produit un grand mouvement. Plusieurs de ces barques se dirigent vers le vaisseau; deux autres reviennent, et chacune d'elles signale par un coup de canon son dernier adieu. On voit sur l'une, parmi les personnages dont son tillac est couvert, un homme tenant un verre de vin et faisant signe qu'il va boire à la santé et au bon voyage de ses amis. La plupart de ces yachts ont à leur poupe un pavillon armoirié.

SWANEFELT (Herman), dit Herman d'Italie.

85. Paysage. T. II. 29 p. L. 33.

A droite, sur une pelouse, un pâtre garde un troupeau de vaches. Au-delà et sur un sol plus bas, coule un fleuve dont les eaux calmes et limpides ré-fléchissent les arbres qui entourent un ermitage si-tué sur une de ses rives. Dans le lointain on aperçoit une ville, et tout près de l'horizon de hautes mon-tagnes. A gauche, un chemin tracé sur le penchant d'une colline fait le premier plan du tableau; de beaux arbres l'ombragent en partie, plusieurs per-sonnages y cheminent tandis que d'autres y prennent le frais.

TENIERS (David).

86. Intérieur d'estaminet. B. H. 13 p. L. 20.

Le maître du logis, un bonnet blanc sur la tête,
un petit tablier sur les genoux et une bêche à la main,
donne un ordre à sa femme qui se retourne pour l'é-
couter. Près de la cheminée sont réunis un jeune
garçon et trois fumeurs. L'un de ceux-ci, la pipe à
la bouche, la canette à la main, fait les honneurs de
l'écot; un autre discontinue de fumer, pour causer
avec son voisin qui est assis sur un petit billot, le nez
au feu, et tenant un verre de bière qu'il s'apprête
à vider.

Ce serait ici le cas, autant que jamais, de faire
valoir la *touche spirituelle* de Teniers, et la pantomime toujours si naturelle de ses figures, si ce n'était
là un éloge usé, qui n'apprend rien à personne. Il y
a dans le caractère pittoresque de cet artiste des
qualités qui ne l'abandonnèrent pas une seule fois : sa
main fut toujours sûre , la vie coula toujours de son
pinceau. Mais dans son coloris; il y a de grandes
dissemblances; aussi devons-nous dire que le tableau
que nous venons de décrire est de ce gris clair,
de ce ton argentin, qu'on regarde comme étant la
couleur par excellence de Teniers.

87. Intérieur d'estaminet. T. H. 6 p. L. 5.

Trois fumeurs la pipe à la main, causent près de
la cheminée d'un estaminet. Deux sont debout le dos
au feu; le troisième, assis au milieu d'eux, fait face

au foyer. Une canette que tient un de ces hommes, la cruche qui est à terre, près d'une autre, indiquent qu'ils ne bornent pas leur amusement à savourer un peu de fumée de tabac. Un quatrième fumeur est vu par le dos dans le fond de la salle.

Si la petitesse était un défaut dans un objet d'art, ce défaut serait le seul qu'on pourrait reprocher à ce tableau, attendu qu'il réunit toutes les brillantes qualités qui distinguent les meilleures productions de l'auteur. La touche vive et légère de Teniers, la transparence de ses teintes, son coloris, tout *nature*, brillent ici au plus haut degré.

88. La fuite en Égypte. B. II. 10 p. L. 13.

La famille sainte est dans un petit bac et traverse une rivière à la clarté de la lune. Un autre passager est dans le bac à côté du batelier.

L'effet et la composition de ce joli tableau nous portent à croire que l'auteur a voulu y pasticher le style d'Elsheymer ; mais quoique ce dernier peintre ait fait preuve d'un très-agréable talent, la touche ne sortit jamais de son pinceau assez légère, la couleur assez transparente pour être comparées à celles de Teniers.

89. Des pêcheurs. B. II. 6 p. 6 lig. L. 9.

L'un d'eux lève un filet sur le bord d'une rivière, dont les eaux baignent les murailles d'une ville fortifiée. Derrière lui ses compagnons, au nombre de cinq, entassent dans un tonneau le produit de leur pêche. Un pont levis, défendu à son entrée par deux

tours, traverse la rivière et sert d'accès à une grande
porte que protègent encore d'autres fortifications.

La couleur de ce tableau est blonde ; le *faire* porte
l'empreinte de cette dextérité de main , de cette extrême facilité qui , comme nous l'avons dit plus haut,
se font admirer dans les moindres productions de
Teniers

TERBURCH (Gérard).

90. Les forgerons taillandiers. T. II. 3o p. L. 24.

Un forgeron en veste et en tablier, en bonnet,
les mains derrière le dos, est debout au milieu d'une
petite cour, et s'entretient avec son ouvrier qui ai-
guise des faucilles : la meule qui sert à cette opéra-
tion est placée sous un hangar , et mise en mouvement par une roue à engrenage que fait tourner un
cheval. Divers instrumens aratoires, quelques poules
et autres détails sont répandus sur le terrain. Devant
sa loge, se repose un chien , gardien fidèle de cet
endroit. A droite est la forge, la porte en est ouverte,
et l'on y voit un fourneau, une enclume, un étau et
autres outils de forgeron. A gauche, les toits de plusieurs maisons dominent celui du hangar, et plus loin
s'élèvent deux clochers du ton de couleur le plus
aérien. Une fenêtre dont le vitrage est cassé, la vé-
tusté des murs, de vieilles boiseries et un certain dé-
sordre, donnent à cette rustique cour un aspect très-
pittoresque.

TOL (D. Van).

91. Intérieur de ménage hollandais. B. H. 14 p.
L. 17.

A la gauche du tableau est une vieille femme assise
dans un fauteuil, et faisant une lecture qui occupe
profondément son attention. Un jeune garçon est debout à côté d'elle et s'appuie sur une table où sont servis
une pièce de viande cuite, un pain et une bouteille
de grès. Un petit chien chéri de sa maîtresse est
couché à ses pieds. Cette scène paisible a pour fond
une grande salle éclairée par une fenêtre ouverte ; au
plancher est suspendu un lustre de cuivre doré. Une
pompe et quelques ustensiles de ménage se voient à
la droite du tableau ; ailleurs, dans un endroit très-
obscur, on aperçoit un troisième personnage descen-
dant un escalier.

L'exécution soignée, le ton de couleur et la composition de cet excellent ouvrage, lui ont fait donner
par le passé le nom de Gérard Dow. Incertain sur
la justesse de cette attribution, nous l'avons changée,
en substituant au grand nom de ce peintre, celui de
Van Tol, son élève, dont pourtant, nous devons
le dire, nous n'avons rien vu qui égale en finesse
de travail le tableau que nous venons de décrire.

VELDE (Adrien-Vanden).

92. Le Pâturage. B. H. 8 p. 6 lig. L; 11.
Une vache est couchée près d'une marre limpide,

où se réflète la partie supérieure de son corps. Derrière elle et debout est une autre vache qui paraît
beugler. A quelques pas, quatre moutons sont réunis
sur un petit tertre ; ailleurs est une chèvre qui broute
l'herbe. Une petite échappée de vue laisse voir une
portion de prairie dans un pays plat.

Ce tableau, pour n'être capital ni dans ses dimensions, ni par ce qu'il représente, n'en est pas moins
digne d'être remarqué par les amateurs. C'est dans ce
genre de peinture la perfection même, avantage auquel la rareté des productions de ce maître ajoute un
nouveau prix.

93. Le pâturage. B. II. 5 p. L. 7.

Quatre vaches et deux brebis pâturant sur une
langue de terrain, où s'étend l'ombre accidentelle
d'un nuage, sont les premiers objets qui s'offrent à
la vue. Elle se porte ensuite sur une grande flaque
d'eau, puis sur une vaste prairie éclairée par le soleil et bordée par une haie de saules, au-dessus desquels s'élève un clocher.

On pourrait dire de ce tableau que c'est un échan-
tillon du beau talent d'Adrien Vanden Velde.

VER BOOM.

94. Paysage. T. H. 62 p. L. 77.

De grands arbres plantés çà et là sur les deux
côtés d'un large sentier embellissent la gauche de ce
tableau ; à sa droite, deux torrens se précipitent du
haut de montagnes escarpées dans un profond ravin.

De tous les ouvrages de Ver Boom que nous avons vus, celui-ci est le plus agréable et le plus capital. Sa couleur a beaucoup de celle des meilleurs ouvrages de Deheusch ; les arbres rappellent par leur élégance et leur légèreté ceux de Jean Both. Les figures dont il est enrichi sont du *beau faire* de Jean Lingelbach.

VERTANGEN (Daniel).

95. Triomphe de Cérès. T. II. 18. p. 23.

Trois nymphes ont élévé sur leurs épaules la féconde déesse des moissons, et la promènent en triomphe dans la campagne ; une quatrième nymphe les suit en jouant d'un instrument, et une cinquième en dansant avec un satyre. A ce groupe agréable se joint un autre groupe formé de trois enfans, s'amusant avec un bouc qu'ils font sauter à travers un cerceau. Ailleurs, Hercule est au milieu de plusieurs divinités champêtres qui se disposent à faire des offrandes de fruits et de lait à Cérès. Pour assister à cette fête le dieu d'un fleuve sort de ses eaux ; et Jupiter lui-même, pour en être témoin, est descendu de l'olympe sur un nuage, avec Junon et la sage Pallas. Mercure annonce leur présence aux déités terrestres.

Cette ingénieuse composition, dont nous avons supprimé plus d'un épisode, donne une idée complète du talent de Vertangen.

VICTOR (Jean).

96. La bénédiction de Jacob. T. H. 44. p. L. 56.

Jacob à genoux près du lit d'Isaac surprend sa bénédiction en présence et par le conseil de sa mère.

Le pinceau onctuenx de Victor, son coloris toujours si vrai ont attiré sur ses ouvrages une attention bien méritée.

VRIES (R.).

97. Paysage. B. H. 15. p. L. 19. p. 6. Lig.

Sur un tertre ombragé par plusieurs arbres, un pâtre assis sur l'herbe et gardant un petit troupeau s'entretient avec un villageois qui s'est arrêté près de lui. Plus loin, sur la gauche, plusieurs hommes et femmes sont occupés dans un pré aux différens travaux d'une blanchisserie.

Les tableaux de R. de Vries sont en général d'un aspect *ruysdaelesque*. Il y a dans le coloris de celui-ci beaucoup de force et de fraîcheur.

WLIEGER (Simon de).

98. Marine. B. H. 18. p. L. 24.

Des pêcheurs dans une chaloupe, tendent un filet près du rivage. Du côté opposé, une barque se dirige à pleines voiles vers la côte; on en aperçoit encore d'autres dans l'éloignement.

Une couleur très-aérienne donne à cette marine un aspect séduisant et l'apparence d'une étendue sans borne.

WOUWERMAN (Philippe).

99. Paysage. ·B. H. 14 p. L. 13 p. 6 lig.

·Assis au premier plan, sur le revers d'un monticule couronné de deux saules sans branches, deux villageois se reposent au bord d'un étroit sentier, le dos tourné au spectateur. Un cheval gris, sans harnois, est en liberté derrière eux. Une rivière indiquée, à gauche, dans l'angle du tableau, est supposée occuper un plan enfoncé et inaperçu. Au-delà, sous un amas d'épais nuages qui lui interceptent une partie du jour, s'élève une montagne escarpée, dont la cime aplatie est tapissée de verdure entremêlée d'arbrisseaux.

Autant il y a de bonhommie dans cette composition, autant il y a de douceur et d'union dans les teintes qui en colorent toutes les parties. Que d'art s'unit à cette simplicité! qu'il y a d'harmonie entre ces touches qu'on distingue et qui se lient si parfaitement entre elles! quelle heureuse suavité de pinceau!

100. Les traineaux. B. H. 13 p. L. 18.

Pour faire d'un lieu couvert de neige, de glaçons et de brouillards un tableau animé, une peinture divertissante, il a suffi à Wouwerman d'y dessiner quelques figures et d'y empreindre l'inimitable cachet de son talent. Ces figures, à dire vrai, sont ingénieusement mises en action, et ont toutes le caractère qui convient à leur rang. Voici comment elles sont disposées.

A droite dans l'angle inférieur du tableau, c'est un paysan donnant à manger à un cheval de trait. Çà et là ce sont trois enfans dont l'un, en voulant patiner, a perdu l'équilibre et s'est jeté par terre ; à quelques pas plus loin, c'est un gentilhomme ayant les oreilles enveloppées d'un bonnet doublé de fourrure, l'épée pendue au côté, et recevant sa noble moitié dans ses bras, pour la descendre de son traîneau auquel est attelé un cheval élégamment caparaçonné ; pendant ce temps un écuyer le heaume en tête, arrête par la bride le superbe animal. A gauche, un peu plus loin encore, c'est un second traîneau dont le cheval se cabre sous le fouet de son maître et refuse d'avancer.

Tous ces personnages, remarquables par la diversité naturelle de leurs mouvemens, sont mis en scène sur le devant d'un canal glacé, à la gauche duquel on aperçoit un four à chaux et un moulin.

WOUWERMAN (Pierre).

101. Les bûcherons. B. H. 13 p. L. 18.

Le précédent tableau est la peinture d'un amusement d'hiver ; celui-ci au contraire rappelle à notre pensée un des plus impérieux besoins que nous suscite cette saison rigoureuse.

Par un temps de neige et tout près d'un fleuve dont la surface est glacée, quatre bûcherons travaillent à couper du bois. Tandis que l'un d'eux débite un tronc à coups de hache, et qu'un second charge du fagot sur un cheval, on voit les deux autres s'efforcer d'abattre un arbre qu'ils ont entamé par le pied. Deux enfans sont mêlés parmi ces ouvriers; deux autres sont sur la glace, où ils semblent braver le froid. A main droite, un village s'étend au loin sur le bord du fleuve; on voit encore de ce côté des patineurs, un cheval de somme et deux traîneaux.

La couleur de ce paysage est bonne : elle respire véritablement le froid glacial d'un rude hiver. Si l'on considère ensuite la manière dont chaque objet est rendu, il est facile de se convaincre que Pierre Wouwerman a eu en vue d'approcher de la belle exécution qui donne tant de prix aux ouvrages de son frère.

WYNANTS (Jean).

102. Paysage. B. H. 13 p. L. 17.

De grands arbres dominent, à droite, une habitation champêtre dont les différentes parties s'aident mutuellement à former l'ensemble le plus pittoresque. En avant est un courant d'eau traversé par un petit pont de bois, dont une porte interdit le passage à volonté. Un pêcheur, des poules, des plantes, un tronc d'arbre renversé animent et enrichissent cette partie du tableau. Dans l'autre, que perce une petite échappée de vue, on remarque un villageois suivi de son chien, et plusieurs brebis rassemblées sur un tertre au pied d'un bouquet d'arbres.

Ce tableau est de la première manière de l'auteur, manière que caractérisent un pinceau ferme, des touches accusées, un grand empâtement dans l'emploi de la couleur.

103. Paysage. T. H. 24. p. L. 3o.

Si Wynants n'a pas autant soigné ce tableau que beaucoup d'autres, du moins y a-t-il remplacé *l'insignifiante* pauvreté de ses sites les plus ordinaires, par le charme qu'une belle ordonnance exerce sur notre vue.

De grands arbres bordent, à droite, les deux côtés d'une route tournante où l'on voit plusieurs voyageurs ; à gauche est un fleuve dont le cours formant de longues sinuosités, arrose une vaste étendue de pays, que termine une chaîne de montagnes semblables à des amas de vapeur. Un reste de tronc d'arbre, des ronces, de grandes plantes ornent une partie du premier plan ; dans l'autre, un jeune garçon précède une femme montée sur un âne que suivent une vache et un chien.

104. Paysage. T. H. 9. p. 6. lig. L. 12.

Un terrain argilleux, éboulé et frappé d'un coup de soleil, forme, à main droite, une éminence que couronnent plusieurs saules et autres grands arbres ; au bas est un chemin, et du côté opposé, une grande marre entourée de joncs. Au-delà s'offre une échappée de vue sur un pays plat, à l'extrémité duquel on distingue l'église d'un village. Des figures exécutées par Lingelbach et rendues avec esprit, vivifient pour ainsi dire cette agréable représentation de tout ce qu'il y a de plus simple dans la nature.

D. W.

105. Vue de Hollande. Marine. T. H. 14, p. L. 20.

Cette vue est celle d'un golfe profond, au milieu duquel deux vaisseaux sont à l'ancre ; de basses terres, qui dépassent à peine le niveau de ses eaux enferment l'entrée du côté de l'horizon ; sur le devant on voit arriver deux bâteaux pêcheurs, poussés avec violence par le vent.

ÉCOLE FRANÇAISE.

BOURDON (Sébastien).

106. Suzanne et les vieillards. T. H. 47 p. L. 48.

Deux vieillards épris de la beauté de Suzanne se sont introduits dans l'endroit où elle a coutume de se baigner, et saisissent le moment où elle est seule pour lui déclarer leur honteuse passion. Effrayée et se couvrant autant qu'elle le peut d'un linge qu'ils essaient d'arracher de ses mains, Suzanne jette un cri, qui est entendu par deux femmes qu'on aperçoit dans l'éloignement. Une fontaine et des arbres occupent le fond de la composition.

Ce tableau mérite, par le brillant de son coloris, par le mouvement et l'expression de ses figures, une place distinguée parmi les meilleurs ouvrages de l'auteur. Nous parlerions aussi de la beauté du *faire*, si l'on ne savait que le Bourdon, habile à imiter beaucoup de maîtres et cultivant tous les genres, obtenait tout ce qu'il voulait de l'étonnante adresse de son pinceau.

BRUANDET (Éleazard).

107. Deux paysages avec figures de J. Swebach.

DAVID.

108. Portrait de M** de Langeron. T. Ovale. H. 30 p. L. 20.

Cette dame est représentée jusqu'à la ceinture et de manière à n'être vue que par le dos, si elle ne tournait sa jolie figure vers le spectateur. Ses cheveux disposés en boucles irrégulières et légèrement teints de poudre, sont ceints d'un ruban bleu; un corset de dessous dessine les formes de sa taille élégante; son schall est jeté sur le dossier d'une chaise à côté d'elle.

Cette pose, qui paraît singulière pour un portrait, est une fantaisie du peintre; mais cette fantaisie a un motif qui s'explique clairement. Mme de Langeron, en négligé, sans fichu sur son cou, obéit à la décence et tourne le dos pour dérober la vue de son sein à la personne qu'elle est censée regarder.

Un ouvrage de David n'aura jamais besoin d'éloges. Celui-ci provient du cabinet Denon.

DELRIVE.

109. **Deux esquisses. B.**

Ces petits tableaux, dont l'exécution spirituelle et légère décèle un charmant talent, représentent, l'un, un intérieur d'écurie; le second, une marchande de marrons et plusieurs autres personnages rassemblés près d'un port de rivière.

DE MACHI.

110. **Vue intérieure d'un temple.**

Ce petit tableau se distingue par son fini, la richesse de ses détails et le grand nombre de figures que l'auteur y a introduites.

DROLLING père.

111. Le jeune buveur. T. forme ronde, diamètre 12 p.

Assis en dehors d'un cabaret, à une table où il
s'est fait servir un petit goûter, un jeune garçon ex-
prime par ses chants les joyeuses idées que lui inspire
le vin.

Drolling père est un des artistes de l'école fran-
çaise moderne qui a le plus approché de la manière
de peindre des Hollandais.

GAUFFIER.

112. Remus et Romulus. T. H. 10 p. L. 15.

Le berger Faustule portant dans un pan de son
manteau Remus et Romulus qu'il a trouvés sur le
bord du Tibre, les apporte à sa femme et la charge
de les élever.

GÉLÉE (Claude), dit le Lorrain.

113. Paysage pastoral. T. H. 26 p. 6 lig. L. 36 p.

Il représente une vaste étendue de pays, une riche et délicieuse vallée arrosée par un fleuve. Sur le
premier plan, des troupeaux errent çà et là sous les
yeux des pâtres chargés de les garder. Un peu plus
loin, au-delà du fleuve, de grands arbres dominent
avec une sorte de majesté sur tout le point de vue,
et le divisent en deux parties. Dans l'une, on aperçoit des ruines et des fortifications situées sur le pen-

chant d'une haute montagne; l'autre est enrichie d'un pont jeté sur le fleuve, d'un temple et de plusieurs palais, par-delà lesquels règne une plaine immense, limitée par des montagnes.

On peut affirmer que ce tableau réunit à une harmonie parfaite, à une parfaite dégradation de plans, cette noblesse de style, cette richesse, ce grand goût de composition que l'on admire dans tous les ouvrages de Claude Gelée.

LE SUEUR (Eustache).

114. Le mariage du jeune Tobie avec Sara. T. H. 32 p. L. 46.

Suivant l'ancien Testament, Sara, fille de Batuel, avait eu sept maris que le démon Asmodée avait tous fait mourir. Cependant le jeune Tobie la demanda et l'obtint en mariage; mais le premier jour de ses noces, après être entré dans la chambre nuptiale, il tira de son sein une partie du foie du poisson qu'il avait pris au bord du Tigre, et l'ayant mise dans le feu, comme Raphaël le lui avait conseillé, il en vit la fumée chasser pour jamais l'esprit infernal....... C'est dans cette espèce d'exorcisme que Le Sueur a pris le motif de son tableau.

Le jeune Tobie à genoux, les bras tendus, le regard fixé sur la cheminée, est saisi d'étonnement et d'effroi à la vue du démon fuyant sous la forme d'un monstre ailé dans le tourbillon de fumée qui s'élève du foyer. Raphaël debout, les ailes tendues est aussi calme que Tobie est ému, ce qui produit un heureux contraste d'expression. Modestement assise dans un autre endroit de la chambre, inquiète sur le sort de son nouvel époux, Sara tourne la tête de son côté et manifeste un peu de surprise et d'agitation.

Si la noblesse dans les figures, la grandeur dans le dessin, la sagesse dans la composition, sont encore senties et appréciées, si les expressions les plus justes et les mieux rendues ont encore le don de toucher; si, en un mot, le sublime de l'art n'est pas tout-à-fait hors de saison, espérons qu'il se trouvera quelques connaisseurs sur l'esprit desquels ce beau tableau fera la plus vive sensation.

LOUTHERBOURG.

115. Marine avec effet de vent.

Un navire cingle à toutes voiles devant une côte, au bas de laquelle est un phare destiné à signaler, pendant la nuit, les écueils dont elle est environnée.

MICHEL.

116. Paysage.   B. H. 8 p. L. 10.

C'est la vue d'un pays plat, éclairé par un accident de lumière.

MONTVIGUIER. (M.)

117. Vue d'un couvent situé près d'une rivière, au fond d'une gorge de montagnes. T. H. 14 p. L. 17.

POUSSIN (Nicolas).

118. Faunes endormis.   T. II. 36 p. L. 26.

Le Poussin montra dans beaucoup de circonstances que la nature ne l'avait pas doté de moins de diligence que de génie, et qu'au besoin son pinceau était presqu'aussi rapide que sa pensée. Le tableau que nous avons sous les yeux est un des rares exemples de cette facilité naturelle.

C'est la représentation savamment exécutée de deux faunes couchés et dormant sur un rocher, près d'un ruisseau. Au-dessous d'eux, dans un coin très-obscur, deux enfans sont appuyés sur des urnes d'où s'échappent des sources d'eau. Des arbres touffus ajoutent par leur ombrage à la fraîcheur de ce lieu d'un aspect solitaire et mystérieux.

Nous n'avons garde de songer à faire l'éloge d'un ouvrage du Poussin; on sait généralement à quoi s'en tenir sur le génie de cet homme privilégié de la nature, et dont le nom sera long-temps une des premières gloires de notre école. Mais qu'il nous soit permis de saisir l'occasion que nous avons sous la main, pour relever une erreur à laquelle cet artiste a donné lieu. Le Poussin, ont dit quelques écrivains étrangers, ne peut être classé parmi les peintres français, attendu qu'il a étudié et presque toujours pratiqué son art en Italie. Nous allons prouver sans humeur et en peu de mots que cette assertion est tout-à-fait dénuée de fondement. Le Poussin vit Rome pour la première fois en 1624, Alors il avait atteint sa trentième année, et en avait déjà consacré douze ou à étudier son art, ou à le pratiquer. Il y avait même acquit tant d'habileté, qu'on l'avait vu peindre à Lyon, en 1623, six tableaux d'histoire dans le court espace de huit jours, tableaux qui étonnèrent moins peut-être par l'inconcevable facilité qu'il y déploya, que par les témoignages qu'il y donna de l'étendue de son savoir. A ce trait si frappant, si connu, nous ajouterons que Le Poussin n'alla à Rome qu'après avoir fait, pour le chapitre de la cathédrale de Paris, son beau tableau de la mort de la Vierge. Si ces argumens ne suffisent pas, nous rappellerons encore que le cavalier Marini, célèbre par ses poésies, ne cessait, dans la haute idée qu'il s'était faite du génie du Poussin, de le vanter partout comme un prodige, et se plaisait à lui voir composer, d'après ses propres pensées, des esquisses où l'imagination du peintre rivalisait avec celle du poète. En un mot, il est si vrai que Le Poussin en arrivant à Rome était, aux yeux de Marini, un artiste peu ordinaire, que celui-ci, en le recommandant au cardinal Barberini, lui dit : *vederete un giovane che a una furia di diavolo.* Nous le demandons aux étrangers de bonne foi, Le Poussin est-il un peintre français ?

POUSSIN (attribué à Nicolas).

119. Jupiter et Antiope.   T. H. 26 p. L. 36.

Mêlé parmi des satyres dont il a pris la forme, dans le dessein de tromper Antiope, Jupiter trouve cette princesse mollement étendue sur l'herbe, à l'entrée

(69)

d'un bois, où elle est venue goûter les douceurs du sommeil. La vue d'une partie des charmes qui l'ont enflammé ne lui suffit pas; il soulève une draperie, et l'enivrement de l'amour s'empare de tous ses sens. Un faune profite en riant et à la dérobée de la curiosité de Jupiter. Pendant ce temps Cupidon, qui est de toutes les intrigues galantes du maître des dieux, s'est emparé d'une colombe dont il fait son amusement. Dans un autre endroit très-ombragé est un satyre qui folâtre avec une bacchante.

SENAVE.

120. La commission attendue. B. II. 20 p. L. 17.

Dans l'intérieur d'une chambre richement décorée, une villageoise debout, les deux mains appuyées sur l'anse d'un panier qu'elle est chargée de porter à sa destination, attend une lettre qu'écrit une jeune dame et qui fait partie de sa commission. Une cheminée à cariatides dorées, un buffet de marqueterie, une bibliothéque et autres meubles enrichissent le fond de ce tableau, où Senave a pris à tâche d'imiter le style de Terburch ou de Netscher.

STELLA (Jacques).

121. La Vierge et son fils. Marbre noir. II. 11 p. L. 9.

Marie est assise à côté d'une table où l'on voit une corbeille. Assis sur les genoux de sa mère, Jésus la regarde et lui montrant la corbeille paraît lui demander un des fruits qu'elle contient.

122. La Salutation angélique, petit tableau peint sur Agathe.

Marie à genoux à son prie-dieu, s'incline devant le messager céleste, et se soumet avec autant d'humilité que de reconnaissance à la volonté du Seigneur.

On retrouve dans les ouvrages de Stella la grâce et l'amabilité qui distinguent ceux de l'Albane.

SUBLEYRAS (Pierre).

123. La peinture. T. H. 40 p. L. 70.

Elle est représentée sous la forme d'une jeune femme assise et s'appuyant de la main gauche sur un livre ouvert, où est tracé le nom de Vasari; à terre, à sa droite, est une palette chargée de couleurs; à sa gauche, on voit trois enfans ou génies, dont l'un est occupé à peindre le portrait d'un cardinal.

TANNEUR (M.)

124. Vue prise sur le bord de la mer. T. H. 17 p. L. 23.

Sur une plage sablonneuse que baigne une mer calme, et qu'éclairent les premiers rayons du soleil, un matelot suivi d'un enfant cause avec une femme qui est montée sur un cheval. Des bateaux de pêcheurs sont échoués de distance en distance sur le rivage.

125. Autre marine. T. H. 17 p. L. 14.

Sur une mer un peu houleuse, vogue à pleines voiles un navire du Levant.

Ces deux tableaux sont d'une bonne couleur.

VAUZELLE (M.)

126. Vue de l'Alhambra : peinture à la gouache.

Un Musulman donne un ordre écrit à un de ses subalternes.

VERNET (Joseph.)

127. La foire de Beaucaire. T. H. 36 p. L. 59.

Vernet peignit ce beau tableau dans son meilleur temps; toutes ses parties se composent de cette riche variété, de cette foule de détails amusans dont l'auteur s'est servi avec tant de goût et de vérité pour localiser ses ports de France, c'est-à-dire pour les montrer avec les particularités qui les distinguent les uns des autres.

Traversé par le pont de Beaucaire, sur lequel on aperçoit une infinité de personnages, le Rhône étend ses eaux rapides d'un côté à l'autre du point de vue. Au-delà, sur sa rive droite, est une partie du champ de foire que domine une montagne couverte de fortifications. En deçà, près de la rive qui forme le premier plan, sont amarrés plusieurs bateaux que des mariniers sont occupés à décharger. Des piétons, des gens à cheval ornent encore ce premier plan, où entre autres ballots de marchandises on en remarque un portant cette adresse : à M. Clos, lieutenant-général etc.,

Vernet a laissé beaucoup d'ouvrages qui éterniseront son nom, mais peu qui soient aussi intéressans que celui-ci.

128. Le calme et la tempête. T. H.

Ces deux tableaux, qui proviennent d'un cabinet célèbre, sont aussi considérables par la richesse de leurs détails que par leurs grandes dimensions; et comme ils offrent tout ce que la poésie de Joseph Vernet était capable d'y répandre d'intérêt et d'agrément, nous croirions manquer à notre devoir, si nous négligions d'appeler sur eux l'examen réfléchi des connaisseurs.

WATTEAU (Antoine).

129. Le tête à tête. B. H. 7 p. L. 5.

Dans un parc où l'on aperçoit au loin un abondant jet d'eau, deux amans jouissent à l'ombre d'un bosquet du plaisir de se livrer sans témoins aux doux épanchemens du cœur.

130. La promenade à la campagne. B. H. 11 p. L. 9.

Une dame se reposant dans la campagne, auprès d'un ruisseau, est l'objet des attentions de deux galans citadins. Tandis que l'un des deux cause familièrement avec elle, l'autre plus jeune joue de la guitare, dans le dessein sans doute de mériter aussi son attention.

Les aimables productions de Watteau, si long-
temps et si injustement deshéritées de l'estime dont
elles étaient en possession, ont enfin retrouvé des
amateurs en France et y sont rentrées dans leurs
droits. Grâces en soit rendues aux étrangers qui,
mieux avisés que nous, ont jugé qu'un défaut racheté
par d'éminentes qualités ne pouvait être contre elles
un motif de répudiation. Que reproche-t-on en effet
au plus aimable, au meilleur de nos anciens peintres
de genre, à celui à qui Lafosse disait : « Mon ami,
» vous en savez plus que nous, et vous pouvez hono-
» rer notre académie ». Que lui reproche-t-on ? d'a-
voir mal choisi les costumes de ses figures—Soit ; mais
la légèreté spirituelle de son pinceau, la finesse de
son coloris, l'âme qu'il a pour ainsi dire su donner à
ses personnages, la gaîté de ses sujets doivent faire
oublier que son goût ne l'a trahi que parce qu'il a
voulu être complétement original.

ESTAMPES.

131. Une nombreuse collection d'estampes d'un grand format et gravées par différens maîtres, d'a-près des tableaux qui appartiennent à des amateurs anglais.

Supplément

AU

CATALOGUE

DE TABLEAUX

PRÉCIEUX

DES

ÉCOLES ANCIENNES ET MODERNES,

COMPOSANT LE CABINET

DE M. LE CHᵉʳ. DE SOLIRÈNE,

Dont l'Exposition et la Vente publiques auront lieu
rue de Cléry, salle Lebrun, n°. 21,

SAVOIR :

L'EXPOSITION PUBLIQUE

Les 2, 3 et 4 Mai 1829, de midi à quatre heures de
relevée ;

LA VENTE

Les 5, 6 et 7 du même mois, à midi et aux heures
suivantes.

— · —

1829.

IMPRIMERIE DE A. CONIAM,
Rue du Faubourg Montmartre, n°. 4.

Supplément au Catalogue

DE TABLEAUX

PRÉCIEUX,

DES

ÉCOLES ANCIENNES ET MODERNES;

FORMANT LE CABINET

DE M. LE CH^{er}. DE SOLIRÈNE.

ÉCOLES D'ITALIE et D'ESPAGNE.

BOLOGNÈSE (Francisco Grimaldi, dit).

132. Paysage de Style. T. H. 26 p. L. 32.

Les premiers plans se composent de fraîches pelouses, où des bergers sont venus paître leurs troupeaux. L'un d'eux, jouant de la flûte, est assis sous un arbre très-touffu à côté d'une jeune fille qui tient une corbeille remplie de fleurs; une bergère les quitte pour retourner à son troupeau. Un second berger garde le sien un peu plus loin; debout, le dos appuyé contre un arbre, il répète, ou accompagne avec sa flûte les airs du premier; un troisième berger s'éloigne et descend un coteau au bas duquel est un grand lac. Au-delà, sur la rive opposée et à l'abri d'une haute montagne, sont situées des habitations champêtres et autres fabriques. Les lointains d'une vaste étendue, d'un riche aspect, sont terminés par des montagnes que colore un ciel très-lumineux.

Ce tableau est d'une si belle qualité, qu'il pourrait servir de pendant à un paysage du Dominiquin.

CARRAVAGGIO (Michel-Angelo).

133. Jésus adolescent, au milieu des docteurs. T. H. 26 p. L. 32.

Dans ce sujet de quatre figures à mi-corps, Jésus est vu de profil; il donne une explication de la loi, et le geste de sa main gauche paraît appuyer cette explication. Sa main droite touche un coin du livre de la loi, posé sur une table couverte d'un tapis. Le principal docteur, placé de l'autre côté de la table, les bras étendus et les mains écartées, paraît étonné de trouver dans Jésus une précoce et profonde sagacité, qui alarme au contraire les deux autres docteurs juifs.

On peut dire de ce tableau, que c'est la vérité prise sur le fait, tant pour l'expression que pour la couleur; et loin d'avoir repoussé au noir, il est de la manière blonde du Caravage; à cet avantage il joint celui d'être d'une petite dimension, quoique les figures soient de grandeur naturelle.

GUIDO CAGNACCI.

134. David vainqueur du géant Goliath. T. H. 35 p. L. 27.

Le jeune héros est représenté jusqu'à la ceinture et à demi-nu; il tient sa fronde de la main droite, et de ses deux bras il enlace, comme une proie, la tête énorme du géant qu'il vient de terrasser. On lit dans ses traits pleins des charmes de la jeunesse et de la beauté, la joie que lui cause son triomphe.

Cet admirable tableau vient de la fameuse galerie des princes Colonna à Rome. Il est cité dans plusieurs ouvrages sur la peinture, notamment dans celui du savant Lanzi; et depuis plus d'un siècle, on le regarde comme un des chefs-d'œuvres de l'auteur. En effet, il ne laisse rien à désirer pour la finesse du dessin, de l'expression et du coloris. Au relief des ouvrages du Cigoli, à la douceur, à la suavité de ceux du Corrège, il réunit l'exécution si précieuse de l'aimable Carlo Dolci, auquel plusieurs personnes avaient cru pouvoir l'attribuer.

VELASQUEZ.

135. Portrait de jeune garçon. T. H. 33 p. L. 40.

Il est représenté, dans la campagne, en habit de chasse et chargeant son fusil. Sa pose et ses regards ont quelque chose d'assuré, sans toutefois s'éloigner du caractère gracieux qui convient à son âge.

Quelques personnes croient que ce portrait est celui de Philippe IV. P. Lebrun, qui le rapporta d'Espagne en 1808, en a donné une gravure au trait dans le Catalogue, en 2 vol., qu'il publia l'année suivante.

PAUL VÉRONÈSE (Paolo Cagliari, dit).

136. Jésus apparaissant, après sa résurrection à Marie-Madeleine. T. H. 24 p. L. 34.

Marie-Madeleine ayant reconnu son divin maître, s'est jetée à ses pieds dans le dessein de les embrasser; mais Jésus s'y refuse en lui disant : *né me touchez point, je ne suis point encore monté vers mon père.* Sur un autre plan, sont représentées les saintes femmes trouvant le tombeau du sauveur gardé par deux anges.

Ce tableau, que ses petites dimensions rendent admissible dans tous les cabinets, réunit en outre la conservation la plus parfaite aux grandes qualités qui distinguent tous les ouvrages de Paul Véronèse.

ÉCOLES DES PAYS-BAS

ET D'ALLEMAGNE.

BAKHUYZEN (Louis).

137. Le naufrage. T. H. p. L.

Un navire jeté par la tempête sur une côte hérissée d'écueils, vient d'être englouti au pied d'un rocher; un seul mat s'élève encore au-dessus des eaux et résiste à leur fureur; de malheureux matelots sont le jouet des vagues; d'autres se cramponnent fortement au rocher, dans l'espoir d'y trouver leur salut.

Cette marine nous ayant été annoncée comme étant de Bakuyzen, et envoyée pour être vendue sous cette dénomination, il est de notre devoir, en déférant au vœu de notre commettant, de soumettre cette attribution au jugement des connaisseurs., Quelque soit leur décision, ils trouveront sans doute, comme nous, que la couleur de ce tableau est bien celle qui convient au sujet qu'il représente. Un ciel obscurci par une épaisse couche de nuées, une mer qui semble se confondre avec le ciel, des ténèbres presqu'égales à celles de la nuit, des matelots luttant contre un imminent danger; tout cela demandait une couleur sombre propre à faire naître la terreur.

FALKRANZ (M^r.).

138. Paysage. T. h. 38 p. L. 5o.

Le milieu du tableau est ouvert et présente une échappée de vue où l'on remarque, à peu de distance, un reste d'antique édifice; à l'un des côtés est une butte couronnée d'arbres et d'arbustes; l'autre est fermé par la lisière d'un bois; un ruisseau coulant par cascades sur un lit pierreux, sort de ce bois où il est censé faire entendre le murmure récréatif de ses eaux. Plusieurs figures enrichissent encore ce beau paysage.

M^r. Falkranz exerce son art en Bavière, où il jouit d'une grande considération. Sa couleur est vraie; sa manière d'employer le pinceau tout à la fois large, facile et originale, accuse beaucoup d'habilité.

HOLBEEN (Jean).

139. Portrait de Jean III, roi de Portugal. B. II. 30 p. L. 21.

Ce bon prince, que la découverte du Japon récompensa des entreprises maritines qu'il fit dans l'intérêt d'un peuple qu'il aimait, est représenté à mi-corps, le visage de trois quarts et dans l'expression d'une attention profonde. La toque qui couvre sa tête est noire et ornée de l'ordre de Saint-Jacques; un autre ordre, celui des rois de Portugal, est suspendu à une chaine d'or, au-devant de sa poitrine ; une chemise brodée lui cache le bas du cou; le reste de son vêtement, qui est noir, se compose d'un juste-au-corps et d'un surtout sans manche; de la main gauche il tient ses gants; et, de la droite, un gros chapelet posé sur une table. Cette figure se détache sur un rideau vert.

Les portraits de Holbeen, si justement recherchés dans tous les pays, sont d'une rareté que personne n'ignore. Celui-ci est digne, selon nous, d'une attention toute particulière, tant à cause de son mérite, qu'à cause du personnage illustre dont il nous offre les traits.

JARDIN (Karel du).

140. Le jeu de l'Amore. H. 16 p. L. 14.

Un soldat, un mendiant et un muletier, retirés à l'écart entre les murs ruinés d'un ancien édifice, s'amusent à un jeu usité parmi les italiens et connu sous le nom de jeu de l'Amore.

Le mendiant à moitié nu s'appuie de la main gauche sur une béquille et avance la droite dont deux doigts sont déployés. Le muletier, le poing fermé, se dispose à prendre son tour pour faire parler son adversaire ; le soldat assis à droite sur une pierre, porte le doigt à sa moustache et s'amuse de leur partie. Derrière les deux joueurs, est un baudet qui attend patiemment son maître : deux chiens attendent aussi les leurs.

Rarement la beauté du pinceau a été portée aussi loin que dans cet ouvrage, les caractères des têtes sont d'une finesse d'expression étonnante ; l'effet est piquant, le clair obscur admirablement entendu : en un mot, peu de tableaux de ce genre peuvent lui être comparés sous quelque rapport que ce soit.

OSSENBEECK (N.).

141. Paysage pastoral. T. II. 30 p. L. 42.

Au pied d'une masse de rochers escarpés et à peu de distance d'un habitation champêtre, une femme trait une des brebis de son troupeau; pendant ce tems elle cause avec un petit garçon qui est assis près d'elle; un autre enfant joue avec un chien.

Les ouvrages d'Ossenbeeck sont rares ; ils réunissent la vérité à la vigueur du coloris, un pinceau moelleux et large à un bon dessin, et ressemblent beaucoup à ceux de Goebouw, son contemporain, qui comme lui séjourna long-temps en Italie.

RUBENS (Pierre-Paul).

142. Les filles de Cecrops : esquisse. B. H. 14 p. L. 18.

Elles ouvrent, malgré la défense de Pallas, le panier où elle a renfermé Ericthonius.

Rubens a exécuté ce sujet dans un tableau de grande dimension, mais avec des changemens notables, ainsi qu'on peut le voir par une gravure de Van Sompel.

VER-BOOM.

144. Intérieur de forêt. B. H. 29 p. L. 37.

Une route est ouverte en ligne droite depuis le premier plan jusqu'à l'extrémité du point de vue. On y remarque, entr'autres personnages, un homme à cheval et près de lui un pauvre qui lui demande l'aumône.

Cet excellent tableau et celui qui est inscrit sous le n°. 94 du Catalogue auquel appartient ce supplément, sont deux témoignages irrécusables du beau talent qui élève Ver-Boom au rang des grands paysagistes.

ÉCOLE FRANÇAISE.

DEMARNE.

145. La rencontre à la campagne. B. H. 18 p. L. 22.

(11)

Deux villageois, gens d'ancienne connaissance,
viennent de se rencontrer au milieu de la campagne,
et se sont arrêtés un moment pour causer. L'un est à
cheval, la gibecière sur le dos; l'autre est dans une
charrette avec sa famille. Deux bœufs au pas lent et
mesuré sont attelés au rustique char, et attendent,
pour se remettre en route, le coup d'aiguillon du va-
let qui les conduit ; un chien tout heletant est aux
pieds du cheval de son maître. Ces diverses figures,
qu'on dirait être animées, se groupent avec un troupeau de vaches, de chèvres, de chevreaux et de brebis. La bergère chargée de les garder , est assise sous
un arbre et fait manger une chèvre dans sa main.
Un peu plus loin, vient un piéton accompagné d'une
femme portant une corbeille sur sa tête. A tant d'objets, dont l'œil regrette de se détourner, se joignent
encore toutes les richesses d'un délicieux point de vue.

146. Paysage pastoral. T. II. 12. p. L. 15.

Dans un petit champ sans clôture, se repose un
troupeau de vaches et de brebis confié à la garde d'un
vieux berger. Celui-ci, grand diseur de bonne aven-
ture, est assis sur un tronc d'arbre au bord d'un
large sentier, et tient la main d'une jeune et jolie
villageoise, qui a été curieuse de connaître son ave-
nir. Deux de ses amies, dont l'une porte un che-
vreau sous son bras, écoutent, en riant, les prédic-
tions du malin chiromancien.

Une rivière baigne, en serpentant, la droite et les
fonds du paysage ; du côté opposé, une chaîne de

collines, qui aboutit à un extrême lointain, s'élève graduellement devant un brillant horizon. Les arbres, les gazons, sont parés de la naissante couleur du printemps.

147. La Bergère endormie. B. H. 18 p. L. 21.

Assise près d'une fontaine, la tête appuyée sur la main, une bergère s'est endormie au milieu de son troupeau. Son jeune chien n'entendant plus sa voix, a oublié son devoir, et folâtre, loin du troupeau, avec un autre chien. Cependant un villageois, qui a surpris la dormeuse, s'est approché d'elle à pas de loup, et lui enlève aisément une quenouille que ses doigts laissaient échapper. L'imprudente, dit-il en lui-même, a besoin d'apprendre que bergère, qui a quelque chose à perdre, ne doit jamais dormir aux champs, et compter sur son chien.

Le génie de Demarne a fait de ce petit sujet que la poésie ne dédaignerait pas d'embellir, un tableau charmant, aussi varié que naïf, aussi riche que naturel.

148. Paysage avec effet d'hiver. B. H. 12 p. L. 15.

Le ciel est nébuleux et gris; la terre est partout couverte de neige; les eaux débordées d'une petite rivière ne sont plus que d'épais glaçons, où des enfans glissent et s'entre-culbutent, où des villageois et d'élégans citadins sont venus patiner. Au-delà de cette rivière, un maréchal-ferrant travaille en-dehors de sa forge.

149. La Prairie. B. H. 12 p. L. 15.

Imitation libre du fameux tableau, communément appelé le Taureau de Paul Potter.

Ce tableau, fait de souvenir et en sens contraire de celui de P. Potter, est moins une copie qu'une version libre; une espèce de traduction où Demarne, voulant assujétir la pensée originale à son propre style, l'a reproduite à sa manière et avec les couleurs de sa palette.

150. Paysage. T. H. 9 p. L. 12.

Un champ clos de palissades borde, à main gauche, un sentier où se repose une villageoise gardant des vaches; à droite est une rivière que deux hommes traversent dans un bachot; les eaux en sont transparentes et baignent les hautes murailles fraîchement recrépies d'une demeure jadis seigneuriale, que domine encore un vieux donjon. Des gazons verts, de grands arbres chargés de feuilles nouvelles embellissent çà et là la campagne, et opposent l'éclat qu'ils empruntent des rayons du soleil, aux ombres fugitives que répandent ailleurs des nuages épais et chargés de pluie.

Ce petit tableau est du meilleur *faire* de Demarne.

151. Le retour de la pêche. T. H. 9 p. L. 12.

Des pêcheurs aidés de leurs femmes s'occupent à débarquer le produit de leur pêche et à le vendre,

par portions, à des marchands de marée. Cette petite scène a lieu sur une plage unie et sablonneuse, où
la vague libre dans son cours s'élance et s'étend en
napes de cristal.

Un ciel brillant et pur, un air frais qu'on aime-
rait à respirer, des détails rendus avec toute la vérité
possible, cette couleur locale qui fait connaître au
spectateur le lieu où le transporte l'illusion pittoresque, telles sont les qualités qui se présentent dans l'a-
nalyse de ce petit tableau.

152. Le militaire et le conscrit. B. II. 10 p. L. 12.

Un cabaret de village a offert à un militaire accompagné d'un conscrit l'occasion de faire une pause.
On ne peut pas toujours boire, même au cabaret; le
conscrit, encore habile à tous les travaux domestiques
de la campagne, s'est emparé d'une baratte et bat
gaiement le beure. Le militaire veut le prix du savoir
faire de son jeune camarade, et, avec raison, c'est
de celle dont on fait l'ouvrage qu'il entend le recevoir.
Un baiser est donc militairement pris sur la joue d'une
gentille villageoise qui s'en défend de bonne grâce
et le reçoit de même. Une vieille rit de bon cœur de
cette petite scène, pendant laquelle deux enfans s'a-
musent avec un chat. Beaucoup d'autres détails très-
pittoresques ajoutent à l'intérêt de ce délicieux tableau.

Huit tableaux de Demarne! — Oui, Messieurs, et
ce qui doit étonner bien d'avantage, c'est que le plaisir
qu'on a à les voir, fait regretter que le nombre n'en

soit pas encore plus grand. Cela vient de ce que les ouvrages de Demarne ne se distinguent pas seulement par la variété, la vérité et la simplicité, mais encore par les nuances sans nombre sous lesquelles ces trois grandes qualités y sont continuellement reproduites. Aussi le pinceau non moins fécond que flexible de Demarne nous attache-t-il puissamment à tout ce qu'il a créé; aussi avons-nous vu plus d'un amateur s'en tenir à n'avoir guère dans leurs cabinets que des tableaux de cet homme naïf et intarissable. Les arts ne nous charment long-temps qu'en nous causant des émotions nouvelles; s'ils se répètent, leurs ouvrages, comme s'ils étaient sans couleur et sans vie, ne nous font éprouver que de faibles sensations. Combien de peintres d'un beau talent ne nous font désirer qu'un seul de leurs tableaux, parce que dans un seul on a la mesure de leur génie! Heureux celui qui, comme Demarne, ranime notre enthousiasme, nous offre des jouissances neuves, et nous empêche d'être trop sévères, chaque fois que nos yeux rencontrent sur la toile une des riantes idées de sa fertile imagination.

DUPONT, (Élève de Lantara).

153. Paysage. T. H. 12 p. L. 15.

Des rochers surmontés d'un aquéduc et de deux tours, forment avec la lizière d'un bois une enceinte étroite et peu profonde que baignent les eaux d'un torrent. Au premier plan du tableau, sur le bord de ces eaux, est assis un homme qui s'amuse à pêcher.

PENDULE ET BRONZES.

154. Un très-beau groupe de marbre statuaire, par Masson, représentant le sujet de l'Etude, sous la figure d'une femme, qui tient un rouleau de papier à la main gauche, pendant qu'elle presse affectueusement, de la main droite, un enfant appuyé sur ses genoux. Un mouvement, par Janvier, indiquant les heures et les quarts, est placé dans un socle au pied duquel se trouve un coq.

Cette superbe pendule de cabinet, ayant 18 pouces de hauteur sur 24 pouces de largeur, est posée sur un socle plaqué en porphyre de la plus riche qualité.

155. Laocoon et ses deux fils, victimes du courroux des dieux ennemis de Troyes, luttent en vain contre les deux énormes serpens qui les enveloppent et les serrent dans leurs nœuds. Ce beau groupe, où le copiste a conservé tout ce qu'il y a de sublime dans l'original, sort des atteliers de M. Carbonneau.

156. L'enlèvement de Proserpine : groupe.

157. L'enlèvement d'Orythie : groupe de trois figures.

FIN.